문예신서
214

영화의 직업들

베랑제르 라트롱슈

오일환 · 김경온 옮김

東文選

영화의 직업들

BÉRANGÈRE LATRONCHE

Les métiers du cinéma
tome 1

© 2000 Rebondir

This edition was published by arrangement
with Rebondir, Paris
through Korea Copyright Center, Seoul

1백 개의 눈을 가진 아르고스

영화를 만드는 직업인들은 영화 탄생국인 프랑스에서도 비정규직 노동자로 불안정한 근로 조건을 헤쳐 나가고 있다. 영화 전문 인력이 지난 10년간 통계 상으로 거의 2배 이상 증가한 것을 보면 프랑스 영화계는 호황을 누리는 것 같다. 하지만 그것은 외양의 화려함에 치중된 인상일 뿐 오히려 연간 근무 일수 는 10년 전보다 줄어들고, 불합리한 보수 시스템 역시 개선되고 있지 않다. 거 의 80-90%가 비정규직 노동자로 일하는 영화인들의 직업 세계는 다른 직업 들의 것과는 다르다. 그런데도 바로 내일이면, 영화는 누구나 만들 수 있는 것 이 된다! 그것은 우리 현대인이 갖고 있는 '직업'이란 것에 대한 고정 관념이 나 정의들이 바로 내일이면 바뀐다는 말이 아닐까?

영화를 만드는 일의 매력은 "내가 무엇인가 말하고 싶은 것을 표현한다"는 인간의 창조 욕구의 발산에 기인하기보다는 "여러 다른 타자들과 찰떡같이 연 대하여 함께 전무후무한(?) 작품을 만들어 낸다"는 데에 있다. 영화일의 매력 이 전자에 그친다면, 다른 많은 문학·예술 분야와 변별력이 없을 것이다. 그 러나 점점 '억!' 하는 비명이 높아만 가는 편당 제작비로 단박에 짐작할 수 있 듯이, 점점 더 많은 분야의 더 많은 전문 인력이 동원되는 영화 제작 현장의 현실은 불안정한 근로 조건 속에서도 그저 '뭐니뭐니해도 나 잘난 맛에 사는' 그 수많은 타자들과 함께 일하면서 한 목표로 돌진하는 것의 즐거움과 행복을 즐겨야만, 아니 그런 즐거움과 행복을 먼저 만들어 내야만 결과론으로 '좋은 영화'를 만들어 내는 게 가능하다는 영화 만들기의 오래된 상식을 더 강요하 는 게 아닐까!

아르고스

그리스 신화에 나오는 괴물 아르고스는 온몸에 눈이 1백 개나 달려 있는 거대한 생물체로, 잠을 잘 때에도 눈을 다 감지 않는다. 여신 헤라의 부하인 아르고스는 분명 그 수많은 눈으로 바람기 많은 헤라의 남편 제우스를 감시하는 임무를 수행했을 것이다. 아름다운 요정 이오와 사랑에 빠진 제우스는 이오를 헤라의 무서운 질투에서 보호한답시고 암소로 변신시킨다. 그러나 신성한 가정과 결혼을 수호하는 여신 헤라는 남편의 바람기에 족쇄를 채운다. 괴물 아르고스를 불러 암소-이오가 제우스와 절대 만나지 못하도록 그 1백 개의 눈으로 감시하고 감금하는 것이다. 제우스는 불쌍한 이오를 구하고자 아들 헤르메스를 부르고, 헤르메스는 마법의 피리로 아르고스의 눈을 하나씩 잠재운다. 마법의 지팡이까지 흔들어 간신히 1백 개의 눈을 잠재운 헤르메스는 아르고스를 칼로 처단하고 이오를 구한다.

헤라는 충성을 다한 아르고스의 죽음을 슬퍼하며 1백 개의 눈을 모두 빼내어 자신이 아끼는 수컷 공작의 꽁지 속에 박아넣는다. 화려한 수컷 공작새의 활짝 펼친 꽁지깃 끝의 현란한 원형 문양들은 모두 아르고스의 괴물적 시선인 것이다. 그후 서구인들은 공작새가 아르고스의 변신한 모습이라고도 했다. 또 아르고스는 여신 헤라의 신전이 있는 곳의 지명이 되기도 한다.

여신 헤라는 무엇을 그렇게 샅샅이 보고자 원했기에 1백 개의 눈을 가진 아르고스가 못내 필요했을까? 단순히 남편의 바람기를 숨어서 노려보려고 그런 많은 눈이 필요했을까? 아니 그 끝간 데 없는 '보는 욕망'은 혼돈의 세상을 여신의 시선으로 지배하며, 결혼과 가정으로 은유되는 조화의 질서를 펼치기 위한 필연적인 의무가 아니었을까? 그래서 여신은 이 세상의 모습을 샅샅이 보고자 원했던 것이 아닐까? 그렇다면 아마도 우리 현대인은 영화를 통해 여신 헤라의 원형적 욕망을 충족하고 있는 게 아닐까? 이 세상의 모습을 그 어느 매체보다 강렬하고도 친근하게 샅샅이 보여 주는 '영화'를 통해서 말이다.

꿈의 공장

영화의 세계는 공작새의 활짝 펼친 날개처럼 화려하다. 공작이 날개를 펼치고서 거만하고 당당하게 으스대는 순간은 그러나 순간일 뿐이다. 날개를 접으면 그 화려했던 광경은 사라진다. 마치 필름이 끊기는 것같이 그 이전과 그 이후는 다르다. 그럼에도 불구하고 우리는 공작새의 그 화려한 꽁지깃의 이미지를 잊지 못한다. 영화를 만들어 내는 세계를 누군가 '꿈의 공장'이라고 표현했다. 누군가 아주 상업적인 카피를 뽑아내려고 애쓰다가 튀어나온 표현일지는 몰라도 과연 영화의 세계는 꿈의 공장이다. 꿈과 같이 덧없고 비현실적이며 화려하지만, 또 공장같이 '지옥도'의 세계이니까 말이다. 꿈과 공장은 자본주의 산업 사회 현실의 모순된 두 모습이었고, 아마도 어쩌면 하늘 아래에서는 영원한 인간 조건인지도 모른다. 어쨌건 영화인은 '가고픈' 꿈 같은 세계와 '벗어나고픈' 지옥 같은 공장에서 동시에 근무하는 '특별한 노동자'이다. 추한 괴물이 변신하여 화려한 공작새로 태어나는 것을 인내와 용기로 지켜보는 눈들이다. 제작 사무실과 촬영 현장의 각 파트파트에서 마치 공장의 작업 라인에서처럼 작은 부품으로 일하는 그 모든 스태프들은 '난 아무개 감독, 아무개 배우와 함께 이러이러한 영화를 만들고 있다'는 분명한 의식에 사로잡혀 있고, '함께' 제작하는 영화 만들기 시스템을 사랑한다.

《영화의 직업들》에는 대략 50여 종의 직업인이 소개되고 있다. 이들의 눈은 말할 것도 없이 두(頭)당 2개이다. 그러니 1편의 영화를 만들기 위해서 적어도 1백 개의 눈이 현란하게 돌아가고 있다는 말이다. 다른 스태프들의 역할 기능을 놀라운 직관, 즉 '감(感)으로' 파악하며 함께 일하는 이들 각자는 의식하건 안하건 아르고스의 1백 개의 눈을 가진 사람이 아니겠는가!

사마귀 눈과 카메라 눈

'눈 돌아간다'는 우리말 표현이 있다. 질투에 눈이 멀어 비이성적인 광란에 빠진다거나, 혹은 너무 놀랍고 아름다운 광경에 홀려서 정신을 차릴 수 없을 지경일 때에 쓰는 말이다. 현기증에 사로잡혀 미궁에 빠지는 인간 의식에 대한 아주 적절한 표현이다. 그런데 인간과 같이 물리적으로 눈이 돌아가는 곤충으로는 사마귀가 유일하다고 한다. 또 사마귀는 물론 원숭이보다야 못하겠지만 인간의 얼굴과 상당히 흡사한 생물체로 꼽힌다. 이 곤충은 자기 주의를 끄는 물체를 포획하기 위해서 고개를 이리저리 돌릴 수 있는 기능을 가진 곤충이다. 그래서 사마귀의 머리 움직임은 사람 모습의 자동 인형을 연상시키고, 나아가서 시야에 들어온 깃을 가차없이 파멸시키는 '불길한 눈'의 은유적 의미를 이 작은 곤충에게 부여하기도 한다.

《영화의 환상성》의 저자인 장 루이 뢰트라는 사마귀 코드로 판타스틱 시네마에 등장하는 인물들의 환각적인 시선 돌리기 움직임을 분석하면서, 이 움직임을 나선의 현기증을 유발하는 카메라 트래블링의 움직임에 이입시킨다. 인간과 사마귀의 눈 돌리기 기능은 영화 촬영장의 빅 브라더(Big Brother)인 '카메라'의 기능으로 극대화되는 것이다. 영화적 시선이란 말할 것도 없이 카메라의 시선이지 않은가. 사마귀야 눈을 돌리고 머리를 돌리는 데 그치겠지만, 인간은 더 나아가서 머릿속으로 생각을 이리저리 굴리고 그 생각에 따라 몸까지 여기저기 굴릴 수 있다. 카메라는 인간의 이런 기능을 더 환상적 차원으로 실천시켜 주는 인간의 '보조 기계'이다.

프랑스 영화 현장은 아무래도 우리보다는 전문화되어 있다. 프랑스 촬영팀의 스태프에는 그때그때의 구도잡기에 따라서 카메라 몸을 잡아 주는 '지지대'를 전문적으로 뚝딱 제작하는 '마시노'가 있다. 촬영장에서 가장 애지중지하는 신주단지 보물은 억! 소리나는 개런티를 챙겨야 나타나는 배우도 아니고, 카리스마 꽉꽉!! 휘두르는 감독도 아니다. 그것은 바로 존재 없는 감시자 '카메라'이다. 그저 몸 좋고 힘 좋으면 할 수 있는 직업으로 짧은 가방끈조차도 필요없는 D 직종인 카메라 받침대 제작자 '마시노'(촬영 기자재 및 그 인프라 담당)는 그 누구보다도 '나야말로!' 현장에서 없으면 안 되는 존재라고 으스댄다. 그리고 그건 진실이다. 존재 없는 대형(大兄), 그의 몸을 잡아 주어야 하니까. 카메라의 괴물적인 시선이 우리의, 그리고 우리 삶의 괴물성을 다시 불러오고 그 파묻혔던 타자성의 정체, 인간적인 면을 복권시키려면 무엇보다 '마시노'의 역할이 먼저 필요하지 않겠는가?

고발하라!

"난 언제나 영화를 사랑했어요. 지금도, 그리고 영원히 영화를 사랑할 겁니다."

프랑스의 한 여성 촬영감독은 영화를 향한 자신의 지루한 여정을 토로하는 인터뷰를 위의 대사로 마무리한다. 그녀는 수학 학사·석사에 영화학 박사학위, 그리고 여교사 경력의 빵빵한 이력을 자랑하는 엘리트이다. 앙리 알레캉(《로마의 휴일》《베를린 천사의 시》 등의 촬영감독)의 저서 《빛과 그림자》를 바이블처럼 끼고 살던 그녀는 프랑스의 3대 명문 영화학교의 하나인 '루이 뤼미에르학교'를 거쳐 영화 이미지 만드는 작업에 투신한 이래 점점 확대되어 가는 영상 산업 시장에서 전방위로 활발히 활약하는 전문인이다. 그러면서 여전히 더욱 세밀하고 숙련된 이미지를 뽑아내기 위해서 고심하고 연구하는, 그야말로 초심을 잃지 않은 진정한 프로이다. 그러기 위해, 즉 자신의 능력을 부단히 업그레이드시키기 위해 그녀는 수많은 단편 영화와 다큐멘터리 필름들의 촬영을 한다. "이건 정말이지 내 시간을 마구 잡아먹는 일이에요. 게다가 한푼도, 아니 거의 한푼도 보수를 받지 못하고요. 그렇지만 아시다시피 난 언제나 영화를 사랑했어요. 지금도, 그리고 영원히 영화를 사랑할 겁니다."

무보수로 일하는 영화계 일각의 시스템은 선진국도 개선된 점이 없다는 이야기이다. 게다가 변화하는 제작 환경 비용과 스타 배우들의 개런티 지분액 때문에 스태프들의 계약 과정은 점점 더 불리해지고 있다. 또 평생에 한번 만나기 힘들 정도로 반할 만한 좋은 대본, 신뢰하는 감독과 함께라면 무상으로라도 기꺼이 일하겠다는 건 영화 스태프들의 생리이기도 하다. 그러나 청년 실업이 점점 늘어가고, 40세 이후의 영화 전문인 통계가 다른 직종에 비해 상당히 낮은 현실 앞에서 프랑스의 영화인 노조는 뭣보다 "제발 고발하라!"고 외친다. "추가 근무 시간의 보수를 지불할 줄 모르는 영화 제작은 사기입니다!" "그나마 임금도 노조 기준 최저치 이하로 받으면서 촬영장의 초과 노동 시간마저 신고하지 않는다면, 당신은 우리 영화인 전부의 삶을 망치는 겁니다. 연예계 비정규직 종사자 전원의 사회보장 시스템을 위험에 빠뜨리는 거라니까요. 나 참!"

그러니까 노조가 열심히 외치고 회유하고 협박해도(?) 스태프들의 신고율이 낮다는 게 문제인 것이다. 영화를 만드는 직업인들은 화려한 아르고스-공작새의 꿈 같은 순간과 시커먼 공장 같은 현실을 오간다. 그 극단적인 분열 상황을 철없이 즐겁게 견디는 힘은 아마 "'난 언제나 영화를 사랑했어요. 지금도, 그리고 영원히 영화를 사랑할 겁니다"란 대사와 함께 번지는 행복한 웃음에서 나오는 것이리라. 그녀가 아르고스-공작새를 거느리고 있는 여신 헤라만큼 당당하지 않다고 말할 사람이 누가 있겠는가?

2003년 7월 오일환

내 어린 시절의 일요일들

8세부터 15세까지였다. 그 시절, 나는 일요일이면 온종일 텔레비전에 푹 빠져 지냈다. 텔레비전은 일요일마다 모두 4편의 영화를 방영했다. 오후 3시경이면 2번 채널에서 웨스턴 영화를 보여 주었고, 5시면 1번 채널에서 모험 영화가 펼쳐졌으며, 8시 30분에는 역시 1번 채널에서 저녁의 명화 시리즈를 방영했다. 그리고 밤 10시 30분에는 3번 채널에서 영화 마니아들을 위한 씨네 클럽을 내보냈다. 그래서 나는 내 눈앞에서 전개되는 박진감 넘치는 액션, 재미있는 스토리와 함께 일요일 내내 포만감에 잠기곤 했다. 그러면서 나의 꿈은 점점 커져 갔고, 나의 자아도 함께 자라났다.

세월이 흘러 난 훌쩍 성장했다. (지금 내 키는 1미터 95센티이다.) 문득 어린 시절의 일요일마다 나를 사로잡았던 영화들 못지않게 사람들의 마음을 단숨에 움켜쥘 수 있는 이야기들을 내가 직접 들려 주고 싶은 열망에 들떴다. 그런 한편으론 내가 과연 영화를 잘 만들 수 있을까 하는 두려움에 사로잡히기도 했다. 왜냐하면 영화를 직접 제작해 내려면 영상 예술의 특출한 감각을 지니고 있거나, 또한 결코 만만찮은 제작비를 마련할 만큼 경제적인 수완을 발휘할 수 있어야 한다는 데 생각이 미쳤기 때문이다. 물론 나는 예술사에 남는 위대한 걸작을 꿈꾼 건 아니다. 아무리 위대한 걸작이라 하더라도 그 창작 행위가 그것을 창조해 내는 인간의 생활고를 쉽게 해결해 주지는 못한다는 사실을 잘 알고 있었기 때문이다. 더욱이 나는 많이 먹어야만 살 수 있는 건장한 체격의 남자였다. (지금 내 체중은 1백20킬로이다.)

그래서 나는 신문기자가 되었다. 좀더 구체적으로 말하면 제작과 편집 담당 기자였다. 즉 나는 신문구독자들에게 내가 쓴 기사를 전달하는 기자, 그러니까 엄밀하게 말해 내 이야기를 들려 주는 기자는 아니었다. (물론 내 여자 친구들과 절친한 친구들에게는 예외였지만.) 그럼에도 불구하고 배고프지 않을 만큼 내 위장을 채울 수 있었고, 풀 방구리에 쥐 드나들 듯 영화관에서 살다시피 할 만큼의 수입은 있었다.

그러다가 30세가 되는 해에 신문의 세계와 결별했다. 그후 나는 추리 소설을 써서 출판했고, 이어 두번째 소설도 발표했다. 그리고 내 소설들을 텔레비전 제작자들에게 소개했다. 소설을 읽은 제작자들은 내게 시나리오를 써줄 것을 요청했다. 그래서 나는 텔레비전 드라마 작가가 되었다. 그리고 얼마 후 나는 내 시나리오를 스스로 연출하기 시작했다. 그 이유는 내 이야기들이 내가 바라는 대로 들려지기를 원했기 때문이었다.

이제 나는 40세이다. 그동안 2편의 단편 영화 연출을 끝냈고, 현재 첫 장편 영화의 연출을 준비하고 있다. 그러니까 영화계에서 나는 신인인 셈이다. 그럼에도 불구하고 나는 내가 영화 만들기의 전문가가 다 된 것처럼 말할 수 있다. 영화 만들기를 위해서는 대략 네 가지의 필수 요건이 필요하다고 본다. 먼저 진정한 창작 욕구이다. 그 다음엔 무엇인가 말하고 싶은 열망에 가득 차 있어야 하며, 열망과 아울러 열심히 배우고자 하는 열의 또한 충만해야만 한다. 그리고 마지막으로는 무엇보다도 여러 사람들과 함께 일하는 걸 기꺼이 즐길 마음의 준비가 되어 있어야 한다.

사실 모든 사람들이 영화를 만들고 싶어한다. 그러나 경제적 수완가가 되는 일, 즉 제작비 조달이라는 금전 문제 해결은 결코 녹녹한 과제가 아니다.

　　　　　　　　　　　　　　시나리오 작가 · 감독, 프레데릭 크리빈

제Ⅲ장 이미지, 음향, 포스트프로덕션의 직업들

제IV장 영화 완성 후의 직업들

제V장 영화학교들

제VI장 영화계에 데뷔하려면?

I

프랑스 영화의 오늘

"우리는 툭하면 다른 사람들이 나를 까맣게 잊었다고 여깁니다. 게다가 나의 감각은 이제 유행에 뒤처졌다고 여겨 풀이 팍 죽기까지 하지요. 그렇지만 그렇게 뒤로 물러서기만 한다면 다른 사람들은 더욱더 당신을 찾지 않게 됩니다. 더군다나 기껏 섭외가 들어온 여러 제안들 중에서 선택해 뛰어들었던 프로젝트들이 실패할 경우에는 더욱 더 스스로 소외감에 자신을 가두어 버리곤 하지요."

촬영감독, 도미니크 브라방

당신은 영화가 끝나면서 화면에 깔리는 엔딩 크레디트 타이틀을 끝까지 눈여겨보시나요? 이따금 지루할 정도로 긴 명칭도 있고, 어떤 것은 빠르게 스쳐 지나가기도 하지요. 배우들처럼 화면에 모습이 드러나지는 않지만 제작 현장에 참여했던 스태프들이 누구이며, 특히 그들의 업무가 무엇인지 제대로 알아차릴 수 없게 말입니다. 그래서 이 책의 목적은 여러분들에게 그 영화인들의 영역과 역할을 가능한 한 구체적으로 소개하는 데에 있습니다. 영화인들은 촬영 준비와 촬영 과정, 그리고 촬영 후 영화관에서 상영되기까지의 긴 여정에 동참하는 수많은 사람들을 가리킵니다.

이 책은 제작자, 제작 실무 프로듀서, 배우, 그리고 배우 주변에서 일하는 모든 사람들——의상 담당, 분장사, 매니저, 그리고 흔히 기술 파트라고 일컬어지는 촬영감독, 녹음기사, 편집기사, 스크립터 같은 직업들을 모두 소개할 겁니다.

프랑스 영화의 제작 편수는 점점 증가하고 있습니다. 그에 따라 영화 전문 인력도 확대되면서 기존 영화계의 구태에서 벗어나는 다양한 징후들이 나타나고 있지요. 간단히 말해서 현재의 프랑스 영화는 그리 비관적이지 않습니다. 행운을 스스로 잡아챌 줄 아는 여자들과 남자들 앞에는 많은 가능성이 열려 있답니다.

1. 프랑스 영화의 종합건강진단서

• 프랑스 영화 제작 현황

'프랑스 영화의 미래는 비관적'이라고 되풀이되고 있

는 이 넏두리는 좀더 꼼꼼히 되짚어 볼 필요가 있다. 왜 냐하면 외양적인 측면만 보고 '비관적 전망의 프랑스 영화'라고 단정짓기보다는 주변 정황과 아울러 프랑스 영화의 내부를 조망해 보는 상대적인 잣대의 시선도 필요하기 때문이다. 물론 할리우드의 블록버스터〔도시의 한구역을 한방에 날려 버리는 폭탄에서 연유한 흥행 목적으로 만든 대형 영화〕들이 대부분의 프랑스 영화들보다 늘 전국의 영화관들을 싹쓸이하다시피 점령하고 있는 것도 엄연한 현실이다. 그러나 프랑스 영화의 제작 편수도 꾸준히 증가 추세에 있다. 1999년에는 1백50편이 제작되었다. 이건 1998년에 비해 2배로 늘어난 수치이다. 이미 1998년도에도 전년에 대비해 23편의 제작 편수가 증가했다. 한편 신인감독의 데뷔작과 두번째 연출 작품의 숫자도 눈여겨볼 필요가 있다. 1998년에는 이들의 작품이 그해 제작된 영화의 60%를 차지했다. 이런 활기찬 분위기는 UGC · 고몽 · 파테 · 스튜디오 카날 플뤼스 · TF1 앵테르나시오날 등의 초대형 영화사들 주위에서 위성처럼 돌고 있는 군소 제작사들의 수가 현저히 증가한 점에서도 드러난다. 이들 중 몇몇 영화사들은 단 1편의 영화만을 만들기 위해 존재하기도 하고, 또 단 1편만을 위해 새로 창립되기도 한다. 1998년 국립영화청(Centre national de la cinématographie/CNC)의 통계에 따르면 영화 제작사는 총 7백88개이다. 그 중 10개 가량의 영화사가 전체 제작 편수의 53%를 만든다. 따라서 군소 제작사들은 대형 영화사에 제작이 집중되는 이러한 현실에서 고전하는 것도 사실이다. 이는 한 해 배급되는 전체 물량의 60%와 흥행 수익의 68%가 10개 정도의 대형 제작사의 손아귀에서 좌지우지되고 있기 때문이다.

국립영화청(CNC)은 프랑스 영화의 창작을 장려하기 위한 법규의 제정과 경영을 사명으로 하는 기관입니다.

1998년의 관람객수 1억 7천만 명

1999년의 관람객수는 전년 대비 8.86% 줄었다. 그러나 이는 1997년의 관람객수보다는 늘어난 수치이다. 영화관 경영인들에게 1998년은 신들에게 축복받은 한 해였다. 왜냐하면 《타이타닉》《바보들의 저녁 식사》《시간의 복도》 그리고 《택시》가 박스 오피스를 폭발시켰기 때문이다. 1998년도의 관람객수는 무려 1억 7천만 명. 반면 1999년에는 관람객수가 1억 5천5백만 명에 그쳤다. 그러니까 전년도에 비해 10% 가량 감소한 것이다. 하지만 프랑스의 영화는 그다지 비관적이지 않다.

• 국립영화청 ― 프랑스 영화에 몸과 마음을 바치는 국가 기관

프랑스 영화가 이웃 유럽 국가들에 비해 훨씬 생동감 있는 것처럼 보이지만 사실 그 이면에는 국가 지원에 상당 부분을 의존하고 있다. 프랑스는 국립영화청(CNC)을 통해서 자국 영화의 진흥을 적극적으로 보좌한다. 국립영화청은 영화 산업의 제 분야, 즉 경영·법제·진흥책·보호 정책·경쟁력을 관장하고 있다.

국립영화청은 영화 산업과 시청각 프로그램에 대한 국가의 재정 지원금 펀드를 운영하는 기관이다. 지원금 펀드는 입장 티켓 한 장 한 장에 부과되는 특별부가세(TSA)로 조성되며, 제작자·배급자·영화관 경영자들에게 그들의 실적에 근거해서 지원된다. 대신 이 펀드의 수혜자들은 지원금과 여기에서 발생한 이익금을 영화 활동에 반드시 재투자할 의무를 갖는다.

국립영화청은 행정적·법적 문안을 연구하고 작성한

▓ 국립영화청의 지원 현황 ▓

영화의 제작·배급, 그리고 최종 소비 단계인 영화관 운영에 참여하는 모든 영화인들에게 국립영화청은 일련의 선별 기준에 의거, 재정 지원과 더불어 다양한 시원 정책을 시헹히고 있다. 다음은 주요 지원 현황이다. 수혜자들의 자격 요건들과 심사 기준에 대한 정확한 정보는 미니텔 3616 CNC에서 조회가 가능하다.

제작 지원

■장편 영화 제작 지원. 하나 혹은 여러 프로젝트를 요청할 수 있다. 신청자는 문학적인 작품, 시놉시스, 시나리오 등의 요건을 제시해야 한다. 지원 액수는 약관에 따라서 결정된다.

■단편 영화 제작 지원. 매 회기마다 1백50여 프로젝트들의 신청이 들어오는데, 그 가운데서 약 4-5%가 선발된다. 평균 지원 액수는 15만 프랑 정도이다.

■단편 영화 수상 제도. 일단 영화가 만들어지면 전문가들로 구성된 위원회에서 선발하여 수여된다. 매년 50-60편이 수상되고, 상금은 관련된 제작자와 감독들에게 배분된다.

■영화음악 지원. 연출자·제작자 혹은 작곡가에 의해 요청될 수 있다. 지원 금액은 제작에 소요되는 악보의 양에 따라 정해진다.

■사전 제작 지원. 이 항목은 첫 작품의 연출을 격려하고, 독립 영화를 지원하기 위한 것이다. 연간 5백50건의 요청에 그 중 약 10%가 선발된다. 지원 금액은 영화 제작 예산안을 검토한 후 정해진다.

■시나리오 재창작 지원. 2편 이상 장편을 만든 감독과 시나리오 작가들, 그리고 제작자들에게 해당되는 항목이다. 시나리오 집필에만 지원된다. 시나리오 완고 작업에 공동 참여한 사람들도 역시 지원 대상이다.

■사후 제작 지원. 영화관 배급 계약서 제출하에 제작자가 요청할 수 있다. 액수는 첫 작품에 한 해 1백만 프랑, 다음 작품에는 50만 프랑으로 제한된다.

배급 지원

■ 배급에 대한 선별적 지원. 연간 제작되는 영화들 중에 서 선별 재정 지원한다. 작품의 공익성에 주안점을 둔다.

■ 필름 지원. 작품의 홍보비 혹은

상영용 프린트의 제작비를 위해 지원된다.

■ 시장 논리에 의해 소외되기 쉬운 작품들에 대한 지원. 지방에서 제작된 작품을 발굴하고 배급하기 위한 지원금이다. 최고 20만 프랑.

■ 영화 소재 발굴에 기여한 작품들의 배급 지원.

■ 역사적 가치를 인정받는 영화 작품들의 프린트를 복사하는 경우에 프린트 제작과 자막 제작 및 홍보 지원.

영화관 경영인에 대한 지원

■ 중소도시 영화관들을 위한 필름 복사본(프린트) 제작 지원.

■ 영화관 경영 격려 보너스.

■ 영화관들에 대한 선별 지원.

이 항목은 장비가 낙후된 지역의 영화관들에 해당된다.

다. 이 기관은 영화인들에게 영화인 직업 신분증(CIP)을 만들어 준다. 또한 연수 허가증, 영화 흥행 허가증, 그리고 제작자, 배급자, 영화관 경영인들의 인가증 발급 업무도 한다. 모든 영화 제작에서 제작 승인증 획득은 의무 사항이다.

한편으로 국립영화청은 수혜자들이 지원 조건을 제대로 이행하고 있는지, 그리고 다른 한편으로 영화가 법규를 준수하면서 제작되었는지를 검증한다.

국립영화청은 프랑스 영화 진흥과 미래의 주인공인 청소년들에게 프랑스 영화에 대한 관심을 고조시키는 사명을 부여받은 넓은 의미에서의 영화 제작 총괄 기관이라고 할 수 있다.(앞의 박스 내용 참조) 결국 국립영화청은 영화라는 국가적인 문화 유산의 보호와 확산의 책임을 짊어진 기관이다.

• 영화와 텔레비전의 관계

영화 전문 유료 텔레비전 방송국인 카날 플뤼스는 기획중인 영화에 투자하는 입도선매와 공동 제작에 관여합니다. 텔레비전과 영화 사이의 재정적 관계에서 이 카날 플뤼스라는 리더는 영화 제작사가 영화관에서 제작비의 30%밖에 못 건지더라도 생존에 지장이 없게 하는 데 크게 기여하는 귀한 생명줄이지요.

오랫동안 텔레비전은 영화의 지위를 위협해 온 나쁜 적으로 간주되어 왔다. 급기야 1985년에 이르러 텔레비전 채널이 폭발적으로 급증하자 공권력은 시급히 영화 산업의 보호 시스템을 개발해야만 했다. 결국 텔레비전 채널들은 자사 프로그램에 일정 비율의 프랑스 영화들을 의무적으로 방영하도록 구속받게 되었다. 그 쿼터는 TV 방송국들의 총매상고에 따라서 공동 제작의 형식이나 혹은 영화의 제작 이후 TV 방영을 전제로 제작 전에 영화 필름들을 입도선매하는 형식으로 이루어졌다.

텔레비전이 영화 제작에 이런 방법으로라도 재정적인 참여를 하지 않는다면, 연간 제작되는 1백50여 편의 프랑스 필름들은 대부분 탄생할 수가 없을 것이다. 하지만 이 시스템은 텔레비전의 영화 구매 담당자들의 콧대를 한없이 높이는 결과를 야기했다. 그들의 선택이 항상 모든 사람을 행복하게 만드는 것은 아니다. "나는 텔레비전의 태도가 여간 못마땅한 게 아녜요. 그들은 한때 나의 예전 필름들로 자기네 프로그램을 잘도 꾸미더니 하루아침에 가차없이 날 차버리더군요"라고 세드릭 클라피쉬는 말한다. 사실 그는 《어느 가족의 아리아》의 감독 후 다섯 번째 작품 《아마도》를 찍는 데 6년이나 걸렸다. 영화 제작자들도 텔레비전 채널들의 위세 앞에 몸을 굽신거려야 했다. 세드릭 클라피쉬는 결국 미국 워너 제작사와 계약서에 사인했다! "이런 세상에! 프랑스 영화가 계속 만들어지길 바라는 사람들이 미국인이라니! 이런 모순이 대체 어딨습니까? 더군다나 한술 더 떠요, 프랑스 제작자

■ 영화의 제작비 조달 ■

영화의 제작비 조달 방식들은 여러 가지이다. 한 작품의 자금 조달은 이따금 복잡한 재정적 몽타주들을 야기한다.

■ 제작비의 15%는 제작자의 개인 투자금이다. 이론적으로는 그렇다!

■ 다른 외국 회사들과 국제 공동 제작 협정이 이뤄질 경우에는 세계 시장 배급 분배에 대한 선계약이 영화 흥행을 위해 필수적이다. 이 협약은 제작비의 출자 비율에 관련된 것만이 아니라 소품, 단역배우, 기술직 노동력 등 부문에도 각 나라의 여건에 맞추어 수익 배분이 조정된다. 역시 캐스팅에서도 여건이 다른 다국적의 다양한 배우들을 서로 만나게 하는 식으로 나타날 수도 있다.

■ 배급자가 미리 제작비를 내어놓는 경우(입도선매)는 앞으로의 예상 수익을 전제로 영화 배급업자가 제작에 투자하는 선금이다. 하지만 많은 배급업자들의 파산과 그리고 관람객수의 급격한 하락과 함께 이런 가능성은 거의 사라졌다. 오늘날 영화관 수익은 총수입의 30%에 불과하다. 대부분의 수익이 비디오 판권과 텔레비전 방영권에 의해서 얻어진다.

■ 외국에 선판매도 역시 점점 드물어지고 있다. 왜냐하면 프랑스 영화의 외국 흥행이 더 이상 충분한 수익을 만들어 내고 있지 못하기 때문이다.

■ 텔레비전 방송국들은 불가피한 파트너들이 되었다. 특히 1980년대 카날 플뤼스 방송국이 출현한 이후로 더욱 그렇다. 이들 방송국이 영화 제작에 기여하는 방식은 방영권을 사는 단순한 구매에서부터 공동 제작 협정에 이르기까지 다양하다. 사실 텔레비전 채널의 선구매는 영화 제작자들에게 그리 달가운 것은 아니다. 왜냐하면 제작 전에 예상한 흥행 성적과 달리 영화관에서의 히트로 작품의 가치가 상승될 경우 텔레비전 방영권의 가격을 올릴 수 있는 기회가 원천적으로 무산되기 때문이다.

■ 배우와 스태프들의 수익 분배 참여. 그들은 정해진 임금 이하로 계약하고 그 대신 영화 수익에 따라 러닝 로열티를 받는다. 그러나 노동조합들은 가입자들에게 이런 식의 관행을 고발하라고 권한다.

■ 은행들과 신용 기관들. 투자자들의 눈에 영화 제작은 흔히 성공 확률이 희박한 사업으로 비쳐진다. 그러나

10여 년 전부터 아셰트 · 리요네즈 데조(리용지방의 수협기관) 혹은 신용금고 같은 몇몇 기관들은 시청각 산업과 특히 영화에 관심을 갖기 시작했다.

■ 소피카(Sofica; 영화 산업과 시청각 영상 산업 투자사)는 1985년도 제정된 영화 지원 법규 내에서 운영된다. 이 시스템은 개인들과 회사들에게 면세 혜택을 주고 그로부터 발생한 수입을 시청각 영상 분야에의 투자로 이끌어 낼 수 있게 한다.

■ 국립영화청의 지원금은 공적 자금이다. 왜냐하면 이 기관은 문화 통신부의 소속이기 때문이다.

여러분이 티켓 한 장을 구입할 때마다 입장료의 일부가 지원금 펀드를 공급하는 데 사용되는 점을 알고 계시길 바랍니다.

■ 신용도 조절 평가는 기자재 제공자들 혹은 필름 처리를 맡은 편집실들에서 일어날 수도 있다.

들까지 영어로 녹음하길 바라니 말입니다. 이런 어처구니없는 요구는 영화 재정의 두 밑천이 텔레비전 방영권과 해외 배급권에서 나오기 때문인데, 그래서 프랑스 영화를 영어로 촬영해야 한다는 왜곡된 지상 명령이 생겨난 것이지요. 이건 순전히 돈 계산만 하자는 건데 난 개인적으로 이런 강요에 굴복하고 싶지 않습니다."(《위마니테》, 1999년 11월 10일)

텔레비전 방송국에게 영화 산업 발전과 보호라는 공적 의무가 부여되고는 있지만 그렇다고 해서 텔레비전 방송국이 상업성에 따라 영화를 선택하는 것을 막지는 못한다. TF1 텔레비전 방송국은 매년 20여 편의 공동 제작에 참여하는 첫번째의 공헌자이다. TF1 필름 프로덕션의 책임자인 로랑 스토르슈는 매년 5백여 편의 대본을 받고 검토한다. "어쨌든 프로젝트들은 젊은 영화 관객들을 사로잡을 수 있어야 합니다. 그런 한편으로 나이 지긋한 지방 시청자들의 마음에도 들어야 한다니까요. 결국 경영상의 수지 문제라는 사적 압박과 다양한 작품 목록의 구축이라는 공적 기능 사이에서 우리는 시간을 초월한 테마들을 선호하게끔 강요받게 되지요." 프랑스2 텔레비전 방송국의 피에르 에로는 "프랑스 영화의 절충주의도 지지하면서 황금 시간대에 상업성이 강한 영화들로" 방송을 채우다 보면 그와 비슷한 어려운 점에 부딪히게 된다고 토로한다.(《누벨 옵세르바퇴르》, 1999년 5월 6일) M6 텔레비전 방송국의 에두아르 드 베진에게서도 자사 채널의 이미지에 부합하는 영화를 선호할 수밖에 없는 엇비슷한 고충이 되풀이된다. 공공 방송 채널들과는 달리 영화 전문 유료 케이블 방송인 카날 플뤼스는 프랑스 영화의 주요 재원 공급처이다. 유료 가입자들을 만족시키기 위해서 이런 유선 채널은 영화관에서의 흥행 대박작과 마니아를 위한 양질의 영화들로 골고루 편성된 프로그램의 제공을 필요로 한다. 2000년 1월부터 이 '영화 채널'은 가입자마다 매월 프랑스 영화 선구매를 위한 15.50프랑을 내도록 하는 의무 사항을 제정했다.

"TF1 필름 프로덕션의 로랑 스토르슈는 말합니다. "어쨌든 프로젝트들은 젊고 도시적인 영화관 객들을 사로잡을 수 있어야 합니다. 그런 한편으로 나이 지긋한 지방 시청자들의 마음에도 들어야 하지요."

텔레비전 방송국들의 영화 제작 참여

어쨌든 텔레비전 채널들의 재정 참여는 폭넓게 증대되었다. 선매되거나 공동 제작된 장편 영화들의 수는 1997년 74편에서 1998년 94편으로 늘었다. 같은 시기에 카날 플뤼스는 139편의 필름을 계약했는데, 이것은 1997년에 비해 무려 5배나 증가한 것이다.

고몽 영화사 사장인 니콜라 세이두에 의하면 "프랑스는 영화와 텔레비전이 만족할 만한 균형 상태를 이룬 세계에서 유일한 나라입니다."(《라트리뷴》, 1999년 5월 11일) 흥미롭게도 텔레비전 채널들 사이의 경쟁이 케이블 방송과 위성 방송의 개입 때문에 한층 더 뜨겁게 달아오른 요즈음 프랑스 영화는 오히려 더 잘 나가는 것 같다.

영화 필름들의 방영

위성 텔레비전 방송국들이 시장에 출현함으로써 텔레비전의 영화 방영 시스템과 영화 제작자들과의 협약이 크게 흔들렸다. TPS와 카날 플뤼스 위성국을 중개자로 해서 TF1 방송국과 카날 플뤼스 방송국은 영화 빙영권올 놓고 치열한 각축을 벌이고 있다. 시청각 영상 산업의 이러한 변화는 제작비 지원 루트를 변화시키면서(텔레비전 방송국들은 영화 필름을 더욱더 필요로 하게 될 것이다) 영화 배급자들간에 경쟁을 자극한다 .

위성 텔레비전 방송국의 출현은 영화 필름들의 텔레비전 방영 시스템을 크게 뒤흔들면서 텔레비전 방송국들의 영화 제작 투자를 수정시켰습니다.

TF1 텔레비전 방송국은 카날 플뤼스 방송국이 공중파로 영화 필름을 방영하기 전에 필름 배급권을 독점한다고 고발한다. TF1 방송국은 위성 방송국들 중에서 두번째 영화 전용 방송 채널을 개설하자고 제안한다. 카날 플뤼스 같은 유료 영화 전문 방송국과 위성 공중파 사이에서 TF1 방송국이 절충방식의 배급권을 소유하는 형식으로 말이다.

국경 없는 텔레비전(TSF) 본부는 1999년 1월 1일 이후 유럽 텔레비전 방송국들의 프로그램 편성 조정안을 위해서 유럽 국가들에게 각 매체별 프로그램들의 방영 순서를 강요하는 것을 금지시키고, 주요 관계자들에게 새로운 행정 법규를 세우라고 촉구했다. 텔레비전의 영화 필름 방영 법규가 수정된다면 방송국들이 영화 제작에 참여하면서 영화에 투자하는 자금의 수준을 재검토하게 만들 것이고, 그것은 연쇄적으로 텔레비전 방송국이 영화 필름을 구입하는 가격에 영향을 미칠 것이다. 이런 민감

한 주제에 대한 논의는 영화인들 사이에 분열을 일으키기까지 했고, 텔레비전 방송국들과 영화 산업 사이에 강한 반향을 불러일으켰다. 이 문제는 아직 협상중에 있다.

• 안정선을 지키는 영화 제작비

1998년도의 프랑스 영화 평균 제작비는 1억 7천5백만 프랑에 육박했다. 1997년의 평균 제작비에 비하면 낮아진 수치이다. 그러나 이 하락의 숨겨진 요인을 보아야 한다. 왜냐하면 1997년도 제작 영화인 뤽 베송 감독의 《제5원소》가 4억 9천3백만 프랑이라는 특별히 거액의 제작비 기록을 세우면서 그해 제작비의 연간 평균액을 높이 끌어올렸기 때문이다. 1998년에는 5천만 프랑 이상을 기준으로 하는 고예산 영화 제작 편수는 1997년에 비해 안정화되었다. 반면에 평균 1천만에서 2천만 프랑 예산의 필름 제작은 36편에서 48편으로 대폭 증가했다.

영화 필름수는 꾸준히 늘고 있다

젊은 연출가들의 재능은 1998년에 꽃을 피웠다. 그해 2편당 1편의 영화가 신인감독들의 데뷔작이거나 두번째 장편 영화들이었다. 첫 데뷔작들이 1997년 46편에서 1998년 56편으로, 그리고 두번째 작품들은 1997년 13편에서 1998년 29편으로 늘었다. 이 진화는 프랑스 영화를 새롭게 갱신하고자 하는 역량 있는 젊은 영화인들에게 기회를 제공하고자 하는 열의에서 비롯된 것이다. 이러한 젊은 영화에의 문호 개방 현상은 예상 수익에 대한 사전 제작 지원금의 증가에서도 확연히 드러난다. 1997년에는 14편이었는데, 1998년도에는 21편의 영화들이

국립영화청의 통계에 의하면 1997년과 1998년 사이에 5천만 프랑 이상의 제작비가 든 대형 영화의 편수는 큰 변동이 없는 반면에, 제작비 1천만 프랑에서 2천만 프랑 사이의 영화 편수는 36편에서 48편으로 증가했다.

이 혜택을 입었다.

　그외에도 여러 방식으로 투자자들은 1997년보다 1998
년도 데뷔작들에 더 많이 투자했다. 영화 전문 유료 텔레
비전 방송국인 카날 플뤼스는 1997년도에는 40편의 신
인감독의 장편 영화를, 1998년에는 44편을 선매했다.
그리고 공중파 방송국들은 1997년도에 22편의 신인감독
의 장편 영화를, 1998년도에는 26편을 선매했다. 새로
등장한 강력한 영화 투자자인 TPS는 4편의 첫 데뷔작들
을 선매했다. 더욱이 여러 투자자들이 같은 영화를 동시
에 선매할 수 있다는 점도 유념할 대목이다.

2. 내일이면 누구나 영화를 만들 수 있다!

디지털 카메라로 촬영된 토마스 빈테르베르그 감독의 《셀러브레이션》의 성공은 디지털을 단지 상품 마케팅 차원에서만 접해 왔던 사람들의 시각을 바꿔 놓았다. 베타 카메라가 대략 일당 2천5백 프랑으로 임대되는 동안, 디지털 카메라는 초기에는 일반 대중용으로 1만에서 3만 프랑의 가격에 팔렸지만 결국엔 텔레비전과 영화계는 디지털 카메라라는 존재에 매료되었다. 디지털 카메라는 르포르타주 감독과 다큐멘터리 감독들에 의해 사용되는 빈도가 점차 늘어가더니 급기야 이제는 일부 영화인들에게는 그들 세계의 한 부분으로 자리잡았다. 빔 벤더스 감독은 최근에 《부에나 비스타 소셜 클럽》에서 디지털 카메라를 실험했다. 장 마르크 바르는 그의 첫 장편 영화 《연인》을 디지털 카메라로 찍었고, 아르테 방송국은 디지털 카메라로만 촬영된 5편의 텔레필름으로 된 '작은 카메라' 컬렉션을 방영했다. 그 다섯 영화인들 중에 클로드 밀러와 자크 팡스탱은 이미 디지털 카메라로 찍은 경력이 있다. 어깨에 올려 놓아야 하는 번거로움 없이 한 손에 쥐어지는 소형 디지털 카메라는 특수 조명을 필요로 하지도 않고, 또한 최소의 인원으로 허가 없이 작업할 수 있게 한다.

제작비 조달 수단이 없어서 자신의 프로젝트들이 수포로 돌아간 몇몇 영화인들은 과연 무엇을 꿈꿀까. 파스칼 아르놀드는 "예산과 영화의 질 사이에 어떤 연관성이 있

《연인》의 제작자인 파스칼 아르놀드는 감독들의 입장에서 발견할 수 있는 디지털 카메라의 가능성에 대해 이렇게 말합니다. "촬영 진행과 기술적인 측면에 있어 약간의 즉흥성과 순발력을 재발견하고, 동시에 무엇보다도 배우들의 연기에 다시 관심을 갖게 되는 장점이 있지요."

다는 점"을 인정한다. 많은 돈이 투자된 작품에서 양질의 영화가 나오는 것도 엄연한 사실이다. "반면 이러한 일반적인 인식과는 달리 결과가 거꾸로 드러나는 경우도 있다. 사람들은 억지로 모든 영화들을 투자원과 총수익의 다원화와 함께 프랑스식 제작의 주물 속에 집어넣고 싶어하는 경향이 있다. 프랑스 영화의 평균 예산이 1천7백만 프랑 주위를 맴돌 때, 장 자크 아노의 《연인》은 4천7백만 프랑에 제작되었다."(《리베라시옹》, 1999년 12월 8일) 모든 영화인들이 위의 사실에 고개를 끄덕이면서도 '작은 기적'이라 일컬을 만한 디지털 카메라의 기술적인 면의 수행력에 대해서는 여전히 의견일치를 보지 못하는 것 같다. 카날 플뤼스 방송국을 위해 디지털 카메라로 다큐 필름 《푸른 유니폼의 시선들》과 《마르세유 만세》를 찍은 스테판 뫼니에도 디지털 카메라의 '작은 기적'에 온전히 굴복하지 않은 사람이다. "디지털의 자동성은 아둔하고 부정확해요." 아르테 방송국을 위해서 《FMI 권력》을 찍은 파스칼 바셀린에 의하면 "우리들은 안정성과 프레임의 엄밀함을 상실한답니다."(《리베라시옹》, 1999년 11월 26일)

어쨌든 디지털 카메라는 젊은 감독에게 훨씬 수월하고도 신속하게 자기만의 무기를 소지할 수 있게 해주었다. 비록 대형 스크린에 투사했을 때 이미지의 질이 여전히 불완전하지만 말이다. 편집실은 필름을 놓고서 비디오 전송시 발생하는 문제점의 개신을 위해 고심한다. "디지털 카메라는 피사체를 대중화시켰어요. 모든 세계가 이미지로 조회될 수 있어요. 하지만 기존의 영화 제작의 규범도 필요합니다"라고 아르노 셀리냑은 강조한다. 그는 1999년 여름에 디지털 카메라로 《클리브랜드》를 찍었다.(《누보 시네마》, 1999년 9월)

3. 다른 직업들과는 다른 영화의 직업들

• 연예계 비정규직 종사자들의 특이한 위상

영화인들은 연예계의 대가족에 속하는 직업인들로 대부분 연예계 비정규직 종사자의 특별한 위상을 누린다. 그래서 영화인들은 12개월 동안 5백7시간을 일한 사람들에 한해서 실업수당을 보장해 주는 위느딕(Unedic; 실업수당 보험 기관·노사가 함께 의사 결정에 참여하는 기관이다)의 8조항과 10조항의 수혜자가 될 수 있다. 이 조항에 따르면 '연예계가 아닌' 다른 임시 고용노동자들은 8개월에 6백76시간을 일하고서야 수혜 혜택을 받는다. 다시 말해서 1년의 기간에 총계 5백7시간의 노동을 한 모든 영화인들은 12개월 동안 위느딕의 실업수당을 받을 권리가 있다는 것을 의미한다.

영화인의 실업 기간은 프로젝트에 고용되어 활동을 다시 재개하면서, 비록 짧은 기간이지만 그때그때 중단될 수 있다. 그러나 프로젝트가 끝나면 곧 관련인은 자신의 유급 실업자의 위상을 다시 회복하고 실업수당을 챙긴다.

소액 봉급생활자들에게 불리한 새로운 계산 방식

유럽에서도 프랑스에만 있는 이 시스템의 수혜자들은 지난 10년 동안에 2배 이상 증가했다. 1987년에는 3만 4천 명이 보상받았는데, 1996년에는 8만 1천 명이 혜택을 누린 것이다. 노사가 함께 의사 결정에 참여하는 실업 수당 보험 기관인 위느딕의 조사에 의하면, 1997년에는 이렇듯 수혜자가 대폭 증가하면서 거의 30억만 프랑의 적자(징수 세금은 6억 7천8백만 프랑인데 반해서 말이다)를 보는 바람에 연예계의 비정규직 노동자들의 보상 방식을 개정하기 위해서 새로운 조처가 취해졌다. 그런데 오늘날 실업수당은 50년 전의 비정규직 종사자들의 집단 규약에 의해 책정된 봉급 계산표(40쪽의 도표 참조)와 관련되어서가 아니라 실제로 주고받는 현실적인 봉급과 관련되어서 계산된다. 대다수의 비정규직 고용자들은 현재의 경제 현실과는 동떨어진 50년 전의 봉급 계산표의 액

■ 비정규직 종사자들의 수당들 ■

일반적으로 짧은 기간 동안 고용되는 비정규직 종사자들은 노동 기간과 실업 기간을 반복한다. 국립고용관리국(ANPE)의 흥행 부서는 이 특이한 현황을 수치화했다. 이 수당의 수혜를 받으려면 연간 최소 5백7시간은 일하고 나서야 가능하다.

12개월 동안의 활동 시간	연 령	최고세	세금 감면 비율
507시간	50세 이하	91일	274일 −20%
	50세 이상	91일	274일 −10%
676시간	50세 이하	142일	223일 −20%
	50세 이상	172일	193일 −10%
845시간	50세 이하	192일	173일 −20%
	50세 이상	223일	142일 −10%
1014시간	50세 이하	243일	122일 −20%
	50세 이상	274일	91일 −10%

수보다도 더 적게 임금을 지불받고 있는 실정이기 때문에, 실제로 아세딕(Assedic)에서 지불하는 실업수당은 대단히 추락했다. 그래서 당장 소액 봉급자들은 불리하기 짝이 없는 신세에 처한다.

결국 이 새로운 시스템은 많은 젊은 영화인들을 영화계에서 떠나게 만든다. 그래서 현재 여러 영화계 노동조합들과 위느딕 사이에 협상이 진행중이다.

주요 텔레비전 방송국들의 폐습

문화 발전에 도움을 주고자 했던 이 시스템은 결과적으로는 고용의 불안정을 초래했다. 텔레비전 방송국들이 프로그램 제작을 위해 의존하고 있는 영화 제작사들은 최소 경비로 인력들을 고용하기 위해서 비정규직 고용자들의 위상을 스스럼없이 악용했다. 그러한 고용 행위들이 결국에는 정규직 봉급생활자들의 해고로, 아니면 봉급생활자들이 그 비용을 부담하게 되리라는 것을 뻔히 알면서도 사측은 노동자들에게 비정규직을 적용한 계약서, 즉 그들의 고용 기간을 분할 적용해 계약을 행하는 데 별로 주저하지 않는다.

"TF1과 카날 플뤼스 같은 주요 텔레비전 방송국은 풀타임 일자리에 대규모로 비정규직 종사자들을 고용한다. 그건 정규직으로의 고용 계약을 회피하고 퇴직수당 지불을 피하기 위해서이다"라고 프랑스 총노조연맹(CGT)의 공연계와 영상 산업계 사무국장 장 부아랭은 고발한다. 이 기관은 노동자들 대다수를 대표하는 노조이다.(《르 몽드》, 1999년 5월 29일)

연예계 비정규직 고용인들의 위상에 가해진 몇 가지 변경 사항들은 노동의 불안정성을 심화시키고, 특히 젊은 영화인들에게 불이익을 가져다 줍니다. 몇몇 제작사와 텔레비전 방송국들은 정규직 고용 인력을 줄이기 위해 이 시스템을 남용했거든요.

• 연간 노동의 평균 기간

일인당 연간 노동일의 평균 숫자

직업들	1987	1991	1996	1987-1996년의 발전 %
간부들				
감독	108	91	83	-24
제작 총지휘	121	110	105	-15
조감독, 스크립터	105	94	101	-4
촬영감독	89	83	86	-4
녹음기사	99	94	102	+3
편집기사	105	110	109	+4
제작실장	110	90	91	-17
기술자들				
제작부장	86	76	72	-16
비디오 테크니션	82	75	67	-18
제작부 조수	116	114	110	-5
실내장식 담당, 세트디자인 조수, 의상팀 조수	84	81	81	-4
연출부 조수와 기록원	96	85	91	-5
노동자들				
촬영 현장 노동자	98	93	94	-4
스튜디오 노동자	85	76	82	-4

정보처: 휴가기금 금고-예술사회학센터

비정규직 고용자들의 생활
— 기다림과 유연한 사고방식이 필요합니다

자기 분야에서 이미 명성을 얻고 합당한 보수를 받는 성공한 사람들은 연간 2,3건의 계약만을 수용해도 된다. 그리고 나머지 시간은 일하지 않고도 살 수 있다. 반면 대다수 비정규직 고용자들에게 현실은 아주 고달프다. 구인 요청이 빈번하지 않기 때문이다. 울리지 않는 먹통 전화기의 침묵을 묵묵히 받아들이고 그날그날을 간신히 때우는 방법을 배워야만 한다. 이따금 그런 기다림이 여러 개월 계속될 수 있다. 반대로 일에 헌신해야만 하는 촬영이 시작되면 아내 · 남편 · 아이 · 강아지와 고양이를 모두 버릴 각오를 해야 한다. 비정규직 고용자들에게 영화 촬영팀이 유일한 가족으로 바뀌게 되는 순간이다. 그런 촬영 시간이 이따금 긴 경우도 있다.

영화의 직업들은 특성상 몇 주간 혹은 몇 개월간의 무위도식 끝에 만나게 되는 새 일터인 촬영장의 사람들을 새로운 가족으로 맞아들이기 위해서 자기 가족을 뒤에 남겨두어야 해요.

하지만 작업이 끝난 후 영화인에게는 무료할 만큼의 많은 자유가 엄습한다. 그래서 텅 빈 기간들을 견뎌내기 위해서 영화인들은 동아줄 같은 강한 인내의 신경줄을 가져야만 한다. 일이 끊어지리라는 불안과 고뇌……. "느닷없이 닥쳐온 생활의 공백, 그런 간격을 현명하게 메워 낼 줄 알아야 한다"라고 24세의 여성 편집기사 클레르 르빌랭은 인정한다. "영화계에 처음 발을 디뎠을 초창기엔 견디기가 정말 어려웠어요. 불안과 초조에 몸둘 바를 몰랐어요. 그러나 지금은 그런 긴장에서 벗어나기 위해 휴가를 떠납니다. 이런 여유가 우리 같은 프리랜서에게는 꼭 필요하다고 봐요. 그렇지 않으면 매일 12시간씩 일하다가 딱 마주치는 긴 공백 앞에서 머리가 돌아 버리지요." (《르 푸앵》, 1999년 12월 10일)

촬영감독인 52세의 도미니크 브라방은 무려 9개월 동

안 놀고 지냈던 경우를 떠올린다. "재정적인 압박이 오더군요. 견디기 몹시 힘들었어요. 결국 가벼운 우울증까지 겹치고, 사실 전에 한번 심리 치료를 받아 정신적인 무장을 단단히 했는데도 말입니다. 내 나이엔 툭하면 다른 사람들이 나를 까맣게 잊었다고 여깁니다. 게다가 나의 감각은 이제 유행에 뒤처졌다고 여겨 풀이 팍 죽기까지 하지요. 그렇지만 그렇게 뒤로 물러서기만 한다면 다른 사람들은 더욱더 당신을 찾지 않게 됩니다. 너군다나 기껏 섭외가 들어온 여러 제안들 중에서 선택해 뛰어들었던 프로젝트들이 실패할 경우에는 더욱더 스스로 소외감에 자신을 가두어 버리곤 하지요."(《르 푸앵》, 1999년 12월 10일)

• 보 수

언뜻 보면 영화인들의 수입은 일반 샐러리맨들의 평균치에 비해 높아 보인다. 그러나 앞서 살펴보았듯이 고용 기간은 매우 불안정하다. 문화계 인력 고용 관측소의 조사 연구에 의하면, 1996년 연예계 비정규직 노동 시장에서 연간 평균 노동 기간은 음향기사들과 편집기사들의 경우를 제외하고서 모든 영화인들과 영상 산업 관계자들에게서 그 수치가 낮아진 것으로 나타났다. 배우들은 1987년 82일간에서 1996년 57일간으로 줄었고, 제작자들은 1백21일에서 1백5일로, 감독들은 1백8일에서 83일로, 그리고 조감독들은 1백10일에서 91일로 감소했다. 더욱이 노동 계약서상의 건당 평균 노동 기간도 점점 감소되었다. 따라서 영화인들은 그들의 연간 고용 수준과 봉급 수준을 유지하기 위해서 늘상 더 많은 계약을 따내

영화에 관련된 여러 직업들을 비교하다 보면 지난 15년간 대부분의 직업들에서 연간 평균 노동 일수가 줄어든 것을 확인할 수 있습니다. 그런가 하면 같은 15년간 영화계의 현역 노동 인력은 증가했어요.

기 위해 애쓸 수밖에 없다.

추가 근무 시간의 임금을 지불하지 않는 관행은 사회보장 시스템을 위험에 빠뜨린다

스태프들의 계약 조건은 점점 더 불리해지고 있다. 모든 추가 근무 시간들의 보수가 지급되지 않기 때문이다. 통상 스태프들은 추가 근무 시간의 임금을 프로덕션에 고스란히 바치는 셈이다. "이건 도저히 정상이라고 볼 수 없습니다"라고 파트리시아 짐메르만(조감독)은 불평한다. 제작비의 절반은 연기자들이 계약서에 사인을 하는 순간에 그들의 주머니 속으로 사라진다. 그리고 나서 나머지 절반을 가지고 영화를 만들면서 제작자는 스태프들에게 프로덕션에 더 많은 애정과 시간을 쏟으라고 요구한다." "추가 근무 시간의 보수를 지불하지 않는 영화 작업은 엄밀하게 말하면 사기예요!" 제1촬영 조수인 장 이브 르 풀랭도 항변한다. "우리가 실업중일 때 실업수당을 지불하는 아세딕에 노동 시간을 사실대로 신고해야 합니다. 만일 당신이 노동조합 기준으로 최저치 이하로 지불받는다든가, 촬영장에서 근무한 모든 초과 노동 시간들을 정확하게 신고하지 않는다면 그 순간부터 당신은 우리 영화인들의 삶을 망치게 하는 겁니다. 다시 말해서 당신은 연예계 비정규직 노동자들의 사회보장 시스템을 위험에 빠뜨리는 거라고요." 게다가 제작사들은 촬영 전의 필수적인 촬영 준비 기간, 즉 프리 프로덕션에 참가하는 모든 직업인들의 노동 시간까지 감축하는 게 현재의 실정이다.

• 기술자들의 초임 봉급(데뷔시) (프랑화)[1]

직무	일당직 기본 39시간	시간당 세금 비율	엑스트라 기본 8시간
의상코디네이터	3 916	100.41	1 004.10
카펫 담당	4 279	109.72	1 097.20
제작 비서	4 510	115.64	1 156.40
의상 담당	5 021	128.74	1 287.40
헤어디자이너	5 021	128.74	1 287.40
분장사	5 021	128.74	1 287.40
제2조감독	5 053	129.57	1 295.70
편집기사 조수	5 053	129.57	1 295.70
제작부	5 053	129.57	1 295.70
제작 행정 보좌(회계)	5 053	129.57	1 295.70
촬영 제2조수	5 053	129.57	1 295.70
스틸기사	6 049	155.10	1 551.00
소품 담당	6 049	155.10	1 551.00
녹음기사 조수	6 076	155.79	1 557.90
스크립트-걸	6 236	159.90	1 599.90
무대미술 제2조수	6 236	159.90	1 599.90
화가, 장치가, 조수	6 236	159.90	1 599.90
미술 담당	6 236	159.90	1 599.90
의상 담당	6 236	159.90	1 599.90
로케이션 담당 제작부	6 236	159.90	1 599.90
미용사-가발 담당	6 236	159.90	1 599.90
분장팀장	6 286	161.18	1 611.80
제1촬영 조감독	6 501	166.69	1 666.90
제작실장	6 501	166.69	1 666.90
제1미술 조감독	6 849	175.62	1 756.20
실내장식 담당(미술)	6 849	175.62	1 756.20
제작부장	7 066	181.18	1 811.80
제1조감독	7 066	181.18	1 811.80
편집기사	7 416	190.15	1 901.50
카메라맨(촬영 조수)	8 386	215.03	2 150.30
녹음기사	9 282	238.00	2 380.00
의상디자이너	13 000	333.33	3 333.30
제작 총지휘	13 176	337.85	3 378.50
미술감독	13 176	337.85	3 378.50
촬영감독	13 355	342.44	3 424.40

• 기술직 봉급

일인당 연간 순수익(프랑화)[2]

직업들	1987	1991	1996	1987-1996년의 발전 %
간부들				
감독	151 100	161 000	139 500	-7.7
제작 총지휘	172 300	170 000	161 200	-6.5
조감독, 스크립터	26 500	107 000	120 700	-4.6
촬영감독	130 000	138 000	144 500	+11.0
녹음기사	110 500	120 000	134 000	+21.0
편집기사	114 000	137 000	142 000	+24.0
제작실장	109 000	108 000	110 000	+1.0
기술자들				
제작부장	58 700	64 000	60 500	+3.0
비디오 테크니션	51 500	59 000	57 800	+12.0
제작부 조수	63 300	76 000	76 700	+21.0
실내장식 담당, 세트디자인 조수, 의상팀 조수	74 000	64 000	67 300	-9.0
연출부 조수와 기록원	74 700	66 000	70 000	-6.0
노동자들				
촬영 현장 노동자	91 200	83 000	84 000	-8.0
스튜디오 노동자	72 900	67 000	67 500	-7.0

1. 정보처: 2000년 1월, 집단 규약.
   영화 제작사와 텔레비전 프로덕션의 기술직 노동자들의 국가조합.
2. 정보처: 흥행계 휴가기금 금고-예술사회학센터

별로 지켜지지 않고 공격당하기만 하는 봉급 명세표

영화 제작자들은 스태프들의 임금이 너무 높아서 영화를 제작하기 힘들다고 주장합니다. 꼭 영화계 아니라도 다른 분야에서 너무나 흔히 되풀이되는 넋두리이지요. 스태프들은 그런 말에 그들의 교육·수완 그리고 경쟁력으로 당당히 맞서고 있습니다.

영화계의 공동 규약에 의해 책정된 최저 임금은 지켜지지 않고 있다. 어떤 프로덕션들은 최저 임금 이하로 지불하고 있는 게 현실이다. 이에 대해 독립 제작자 노조(SPI)가 항변하는 이유는 간단하다. 도저히 최저 임금의 규약을 지켜 가면서 영화를 제작할 수 없다는 것이다. 사실 현재의 명세표가 만들어진 것은 50년 이상 거슬러 올라가는데 그 시대에는 연예계 직업인들을 돕기 위한 실업수당이 존재하지 않던 시절이었고, 더욱이 당시에는 실업자가 3백만 명이 넘지 않았다는 주장이다.

간단히 말해서 현재의 협약 명세표는 연간 10여 편의 작품들이 제작되던 때에 적용될 수 있다는 것이다. 따라서 독립 제작자들의 바람은 임금의 수준을 제작 유형(시트콤·픽션·장편 영화·다큐멘터리……)에 따라서 다시 조정하는 것이다. 하지만 문제는 한번 정해진 법규는 그대로 남아 있고 스태프들은 그런 임금 협약에 분명히 동의하지 않는다는 점이다. 스태프들은 자신들이 하는 일의 질을 옹호하고 싶어하는 것이다.

질보다는 수익성

그같은 문제에 대해 장 이브 르 풀랭 같은 제작자는 다른 견해를 내어놓는다. "문제는 텔레비전이든 영화든 간에 협약의 문구에 달려 있는 게 아니라 협약을 어떻게 적용하느냐에 달려 있다. 즉 이 문제의 해법은 협약의 기계적인 해석이 아니라 어떻게 각자가 자기 입장에 맞게 일하는가에 있다고 봅니다.

제작자들의 입장에도 많은 변화가 있습니다. 그들은 서로 다른 분야 출신들이고, 사실 그들 모두가 영화에 대한 정열을 소유한 것도 아닙니다. 많은 제작자들은 급여를 정하는 절대 기준으로 작업의 질과 경력을 우선시하지 않습니다. 그들의 유일한 선별 기준은 무엇보다 먼저 수익성이지요. 시나리오의 선택과 영화의 기술적 특질은 2순위로 놓고 보는 것입니다. 어떤 스태프들은 그들이 먹고 살기 위해서 기준치 이하로 지불받는 것을 수락하고 일할 수밖에 없다고 당신에게 말할 것입니다. 그러나 스태프들 스스로가 이런 관행에 순응하는 한 사태는 더욱 악화되기만 할 거예요. 영화인들은 어떻게 해야 직업인으로서의 권리가 지켜지는 영화 조직체를 유지하고, 그리고 어떻게 자기 자신의 가치와 정당한 대우를 받는 방법을 지킬 수 있는지에 대해 알아야만 합니다. 만일 모두들 힘을 합쳐 불합리한 급여 체계를 거부한다면 영화인은 현재와 같은 불리한 상황 속에 있게 되지 않을 것입니다.”

영화의 흥행 수익에 따라서 스태프들의 급여를 지불하는 방식은 협약서의 기준 급여를 지불하지 않으면서 영화 스태프를 고용하는 새로운 방식일 수 있습니다. 비록 이 방식이 스태프들에게서나 제작자들에게서도 만장일치의 합의를 끌어낼 수는 없을지라도, 여러 가지 현실적인 상황을 고려해 볼 때 그 방식은 하나의 해결책인 것은 사실이에요!

이익 분배라는 뜨거운 감자……

이 문제의 해결에 있어서 또 다른 가능성도 있다. 그것은 숙련된 스태프들과 함께 저예산의 영화 작업을 원하는 제작자들과 연출가들에게 해당되는 것이다. 하지만 이것도 제작자들 편에서 의견일치를 보지 못하고 있다. 그것은 스태프들이 영화 흥행에 따른 수익을 챙겨 간다는 사실에 곱지 않은 시선을 보내는 제작자들도 있기 때문이다. “내가 만약 그 시나리오와 감독을 정말 좋아할 때는 나는 정말이지 흥행 결과에 따른 수익 배분을 전제로 평균 봉급 이하로 지불받는 걸 기꺼이 수락할 겁니다. 물론 착취당하는 건 나도 절대 원치 않습니다. 난 내가 흥행 수익의 돈다발을 제대로 만지지 못하더라도 그 돈

• 기술직들의 인력 현황

직업들	1987	1991	1996	1987-1996년의 발전 %
간부들				
감독	1 392	2 586	3 593	+258
제작 총지휘	821	1 492	2 066	+251
조감독, 스크립터	1 318	1 478	1 763	+34
촬영감독	801	1 145	1 462	+82
녹음기사	696	1 121	1 423	+104
편집기사	827	1 108	1 628	+97
제작실장	372	636	1 225	+129
기술자들				
제작부장	1 173	2 567	3 582	+205
비디오 테크니션	774	2 315	3 540	+357
제작부 조수	1 055	1 970	2 176	+106
실내장식 담당, 세트디자인 조수, 의상팀 조수	925	1 853	2 348	+153
연출부 조수와 기록원	686	1 138	1 300	+89
노동자들				
촬영 현장 노동자	1 222	1 840	2 087	+71
스튜디오 노동자	235	461	886	+277

1.정보처: 연예계 휴가기금 금고–예술사회학센터

이 조직적으로 투명하게 영화 제작 시스템 속에 통합되어 영화에 재투자될 것을 진정 원합니다. 그렇지만 정말 피자를 나누는 일을 꺼리는 제작자들이 있어요. 그들은 당신에게 당신 노력과 작업을 공짜로 가져가길 원하는 거예요. 그건 정상적이지 못해요. 우린 떳떳한 직업인입니다. 당연히 일한 만큼의 합당한 대가를 얻어야 된다고요!

제작자, 배급업자, 영화관 경영인, 또는 중간대행업자들 같은 '비정규직 고용인들'의 보수는 수치화하기가 어렵다. 왜냐하면 어떤 경우는 프리랜서들이고 어떤 경우는 대형 제작사의 샐러리맨들이기 때문이다.

그러나 영화사의 규모와 운영 방법들이 제각기 다르더라도 영화 수익에 대한 보상금 메커니즘은 기본적으로 유사하다. 일단 영화 지원 펀드를 위한 세금이 영화관 입장 티켓에서 약 10% 징수된다. 그 나머지는 영화관 경영인과 배급업자가 함께 나누어 갖는다. 그리고 배급업자는 자신의 몫의 일부를 제작자에게 재투자한다. 제작자는 텔레비전 방송국들과의 중계권 계약과 해외 영화 판매 경로를 통해서 발생하는 수익을 배급업자와 나누게 될 것이고, 또한 감독과도 함께 나눌 것이다.

중간대행업자는 자기가 상대한 고객들과의 계약에 의거한 일정 비율에 따라서 자기 수익금을 챙긴다.

연예계의 국립고용관리국(ANPE)이 창설되기는 했지만, 영화인들의 고용은 기본적으로 인맥으로 이루어집니다.

• 인력 채용 방법

파리에는 유일하게 연예계의 국립고용관리국(Agence nationale pour l'emploi/ANPE)이 있고(242쪽의 주소록 참고), 거기서 연예계의 비정규직 노동자들의 자격 서류를 관리하고 그들의 고용 현황을 총괄한다. 파리 이외의 다른 지역에서는 연예계 부서가 따로 없이 국립고용관리국의 '기존의' 부서들이 이 업무를 담당한다.

1999년 10월에 연예계의 국립고용관리국 전 분야에 접수된 구직 요청자들의 수는 10만 6천6백 명으로 증가했다. 그 중 4만 6천 명이 영화와 영상 산업, 연극에 관련된 직업을 원한다. 그와 동시에 국립고용관리국은 7만 9천 건의 인력 고용 요청을 접수했다. 그 중 7만 건은 영화와 영상 산업 분야에서 요청하는 인력들인데, 그 중에서 6만 5천 건은 연기자들을 구하는 건이다.

인맥을 통해 일한다

어쨌든 영화인의 일거리 찾기는 다른 분야의 채용 형태와는 다른 측면이 있다. 채용 공고나 광고보다는 추천이나 인지도로 이루어지는 경우가 더 많다. 그 점은 이 《영화의 직업들》 가이드북에서도 여러 번 강조되고 있다. 이러한 인적 관계들은 처음 영화일을 시작할 때뿐만 아니라 지속적으로 영화일을 해나가는 데 아주 유용한 역할을 한다. 다른 영화인들과의 만남은 결코 무익한 일이 아니다. 만나는 즉시 취업이 되지는 않는다 해도 이것은 사람을 서로 만나는 기회, 일자리와 접촉하는 기회, 그리고 앞으로 올 행운을 위해 자기 자리를 잡는 기회이기 때문이다.

• 고용 시장

1998년의 문화 분야 고용에 관한 연구에 의하면(문화

고용 전망대), 2만 7천 명을 좀 넘는 사람들이 영화와 비디오 분야에서 종사한다. 그들 중 69%는 40세 이하이며, 61%는 남성이고, 36%는 파트타임 노동자들이다.

직업별 실제 인력은 해마다 계속 증가한다. 따라서 제작실장들의 수는 1987년에서 1996년 사이에 3배로 증가했다. 같은 시기에 제작자들은 2.5배로 증가했다. 배우들, 스튜디오 조수들, 혹은 의상 담당과 제작 조수들은 2배로 증가했다.

파리로 올라오기

에피날 판화(19세기의 에피날 공방에서 만들어진 교훈적인 내용의 통속화) 속의 시골 청년은, 연예계에서의 성공을 꿈꾸고 파리로 올라온다. 그의 모습은 순진하고 촌스러워 보인다. 그러나 신분 상승을 꿈꾸며 도시로 향하는 청년의 이미지는 분명 시사하는 바가 크다. 비정규직 노동 시장은 일 드 프랑스(파리 광역시)에 집중되어 있기 때문이다.

아세딕 통계에 의하면 비정규직 노동자들에게 지급된 6백60만 프랑의 임금 중에서 5백만 프랑 이상이 파리 지역의 비정규직 노동자들의 임금으로 등록되어 있다. 이런 현상은 영화와 영상 산업에서 더욱더 두드러졌다. 이두 분야의 파리 광역시 지역 비정규직 고용률은 70%에 달한다.

텔레비전은 새로운 취업 루트이다

텔레비전의 발달과 대중에 대한 영향력의 확대에 비례해 영화계는 고통스러울 만큼의 경제적 추락을 겪었다. 영화관의 좌석들은 텅 비었고, 수익성은 뚝 떨어졌다. 따

라서 연간 제작 편수가 대폭 감소됐다. 이에 따라 영화인
들은 먹고 살기 위해서 텔레비전 쪽으로, 더 정확하게는
텔레비전 드라마 제작사 쪽으로, 그리고 광고 영화계로
발길을 돌려야만 했다.

수많은 영화 연출가들이 광고계와 텔레비전 필름 제작
을 위해 일하면서 많은 영화 스태프들을 그들 작업에 끌
어들여 성공을 거두었다. 오늘날 오직 장편 영화 작업만
하는 영화인은 드물다.

물론 몇몇 특정 영화인들은 영화라는 제7예술의 황금
빛 국경을 결코 넘어서지 않으면서도 호사와 명예를 누
리고 있기는 하다. 그리고 자신의 명성을 등에 없고 이따
금 텔레비전을 위한 영화를 거부하는 경우까지도 있다.
하지만 텔레비전을 위해 일할 수밖에 없는 대다수 영화

■ 흥행계의 유급 휴가 금고 ■

■1939년 창설된 유급 휴가 펀드는 고용자에게서 유급 휴가 비용의 부담금을 징수(순수입의 12.9%)한다. 그리고 연예계 비정규직 고용인들에게 4월 1일에서 다음해 3월 31일까지 1년간 벌어들인 그들 순수입의 10%를 재투자한다. 펀드는 사회부담금들(질병부담금, 실업, 노후)을 유급 휴가 비용에서 징수한다. 그리고 봉급자들에게 혜택을 다시 돌려 준다.

■피고용인은 펀드에 고용 확인서의 복사본을 전달한다. 이 경우는 모든 봉급자에게 해당된다. 1년에 한 번씩 혹은 이미 지나간 해당 연도는 5월 1일에 제출한다. 비정규직 고용자는 유급 휴가 요청서를 펀드측에 제출한다. 이 경우에는 자신의 모든 자격증 원본을 첨부한다.

■모든 비정규직 종사자는 연간 노동 시간과 고용자들의 수에 상관 없이 이 유급 휴가 시스템의 혜택을 입는다.

연출자에게 텔레비전을 위한 촬영은 영화만큼의 만족과
쾌감을 가져다 주지 않는다. 텔레비전계의 촬영 리듬은
영화에 비해 훨씬 기계적으로 빠른 만큼 작업의 질은 영
화보다 떨어지게 마련이다. 또한 영화와 텔레비전에서
창출되는 수익성이 다르기 때문에 연출자에게 강요되는
부담도 서로 다르다. 가령 텔레비전은 하루 분량의 촬영
에서 시청률을 끌어올리기 위해 손쉽게 5분간의 '쓸 만
한' 장면을 담을 수 있는 반면에 장편 영화에서는 2-4분
분량의 '쓸 만한' 장면을 얻기 위해 텔레비전보다 어려
운 작업 과정을 거쳐야 한다. 게다가 텔레비전 화면은 영
화보다 작기 때문에 이미지의 결점이 눈에 덜 띈다. 결과
적으로 이미지의 질에 있어서 텔레비전의 연출은 장편
영화의 연출에 비해 부담이 덜하다는 얘기이다.

**예전에 영화인들은 텔레
비전 드라마와 광고 영화
를 찍는 일을 거부하곤
했습니다. 하지만 오늘날
대부분의 영화인들은 먹
고 살기 위해 그 일들을
수용합니다.**

II

프로듀서, 시나리오, 배우 주변의 직업들

"자, 영화 만들기는 꼭 학교에서 배워지는 게 아닙니다. 물론 경영이나 회계 그리고 마케팅 같은 기본 외에 말입니다. 영화계에서 일자리를 얻으려면 영화사에서의 연수는 꼭 필요합니다. 그리고 직접 나서서 촬영 세트에 필요한 연장을 챙긴다거나, 촬영중에 교통 통제를 위해 바리케이드를 치는 등, 하찮아 보이는 일을 하는 것에 대해 부끄러워해서는 안 되지요. 영화인이 되기 위해서라면 그 어느것 하나도 무익한 일은 없답니다."

제작자 겸 배급업자, 모리스 탱샹

제7예술, 영화의 첫번째 장인들은 루이 뤼미에르 형제와 토머스 에디슨입니다. 그들은 자신들이 발명한 영화가 100년이 지난 후 지금과 같이 거대한 산업으로 급성장하고 무수히 다양한 직업들과 전문인들을 파생하리라는 생각은 미처 못했을 겁니다. 그동안 전세계에 걸쳐 헤아릴 수 없을 만큼 많은 숨은 기술자들이 움직이는 사진이라는 이 새로운 매체에 자신을 바쳤지요.

오늘날에도 역시 많은 여성과 남성들이 영화 기술을 발전시키고, 새로운 도구를 발명하고 있습니다. 그래서 영화는 새로운 직업들을 창출하는 원천이 되고 있지요.

크레디트 타이틀에 이름이 오르는 각 개인은 1편의 영화가 창작되는 과정의 사슬에서, 즉 맨 처음의 아이디어 구상에서부터 영사실에서 이미지가 스크린에 투사될 때까지의 여정에서 없어서는 안 되는 중요한 고리 역할을 합니다.

이제 전문 영화인들의 초상화와 그들의 증언을 통해서 우리는 영화계 각 직업의 역할을 정의하고자 합니다. 그 초상화와 증언이 예술적이든 상업적이든 그것들은 영화의 양면성을 반영하고 있습니다. 영화의 양면성이란 최선의 여건에서나 최악의 여건에서나, 비가 오나 눈이 오나 예술과 돈이 함께 나란히 걸어가는 동반자라는 점이지요.

1. 제작

• 제작자

영화학교들과 학업 과정, 입학시험 및 학비에 대한 모든 것을 알려면 V장을 참조하세요. 그리고 어떻게 영화계에서 데뷔할 수 있는지의 방법은 VI장에서 발견하세요.

사람들은 일반적으로 영화 세작자 하면 흔히 키는 몽땅하고 뚱뚱한 남자의 스테레오 타입을 떠올린다. 예쁜 여자들에 둘러싸여서 거대한 시가를 입에 물고 연기를 푹푹 뿜어대며 으스대지만 왠지 우스꽝스럽고 머리는 텅 비어 보이는 그런 느끼한 남자의 모습 말이다. 그러나 이런 촌스런 이미지 뒤로는 아주 다른 현실이 숨겨져 있다. "혹시 당신이 돈을 긁어 모으기 위해서 이 직업을 택하려 마음먹었다면 당장 꿈 깨시오! 이건 전혀 미래를 보장받지 못하는 직업이요"라고, 이미 3편의 장편 영화 제작을 한 신생 영화사인 엘제비르 영화사의 공동 창설자, 마리 마스몽테이는 충고한다.(《프르미에르》, 1999년 12월)

알랭 사르드 · 클로드 베리 · 알랭 푸아레 또 샤를 가소 같은 몇몇 제작자들은 꽤 알려진 유명인사이다. 그러나 대부분의 제작자들은 그늘 속에 머물러 있다. 하지만 위험을 무릅쓰는 그들의 모험심 덕분에 사실 많은 프랑스 영화들이 밝은 빛을 보는 것이다. 모리스 탱샹이 이끄는 피에르 그리즈 제작 배급사와 같은 대다수의 소규모 제작사들은 1년에 영화 1편만 제작한다. 그들로서는 여러 가지 제작 프로젝트를 동시에 진행시키기란 결코 쉽지 않은 과제이기 때문이다. 제작자의 역할은 영화의 제작이 마무리됐다고 해서 끝나는 게 아니다!

극장 개봉 전에 영화를 되도록 많은 영화제에 내보내도록 애써야 한다. 칸 · 베니스 · 베를린 영화제에서 자신이 제작한 영화가 입상하는 것 혹은 다른 영화제에서 자기 작품이 주목을 받는 것은 흥행 여부에 결정적인 요인일 수 있기 때문이다. 한편 영화 홍보를 위해 각종 미디어를 섭외하는 것도 빼놓을 수 없는 제작자의 몫이다. 이것은 영화가 관객과 직접 부딪히는 개봉시에 큰 도움이 된다. 하지만 제작자의 임무는 그것으로 끝나지 않는다. 비디오 출시, 그리고 해외 판매의 과제가 그들을 계속 기다리고 있다.

> 제작자는 상업성과 창조성 사이의 경계선상에 놓여 있는 존재입니다. 흔히 예술적 창조보다는 돈에 더 관심이 있는 인간으로 여겨지기도 하지만, 영화가 존재할 수 있게 하는 장본인은 바로 제작자입니다.

짧게 펼쳐질 수 있는 모험

《빛을 본 2백 편의 영화》(람세 출판사, 1988)에서 알랭 푸아레는 제작자의 역할을 다음과 같이 정의했다. "영화 제작은 제작자가 좋은 대본을 발견하는 순간 출범한다. 그리고 제작자가 감독을 고용하고 캐스팅을 마무리하며, 작업의 사전 준비 작업들에 사인을 한 후 비로소 영화 촬영이 본격적으로 시작된다. 사전 준비 작업들이란 프리 프로덕션의 과정, 그러니까 촬영 장소 헌팅, 제작비 견적서들에 대한 의견 조율을 말한다. 하지만 제작자의 일은 프로덕션 과정의 촬영뿐만이 아니라 그후로 포스트 프로덕션의 편집, 믹싱 작업 과정으로 이어진다. 그리고 영화가 다 만들어진 후에도 배급, 개봉, 상영되는 동안에는 해외 배급, 그리고 텔레비전 판권 판매 등의 일이 계속된다. 언제나 일이 끝날까? 절대 끝이란 없는 게 제작 일이다." 바로 그렇기 때문에 어떤 프로젝트에 제작자가 사인하도록 제작자를 설득하는 건 결코 쉽지 않은 일이다. 연출가는 자기 프로젝트가 완성되거나 실패하거나를 보

기 이전에 이미 제작자와 투쟁을 벌일 자세를 갖추어야
한다. 그렇지 않기 때문에 많은 영화들이 전혀 빛을 보지
못하는 것이다.

개인별로 차이가 많은 작업 방식

제작자의 작업 방식은 개인에 따라 다르다. 각자의 개
성과 개인적인 관심도에 따라 차이는 있지만 일반적으로
대부분의 제작자는 스토리 콘셉에, 시나리오 전개에, 스
태프 구성에, 편집에, 그리고 자금 조달에 골고루 관심을
갖는다. 어떤 제작자는 이미 씌어진 시나리오의 완성도
를 확인한 후에야 계약을 하고, 어떤 제작자는 시나리오
도 안 보고 감독의 명성만을 믿고 계약을 하기도 한다.

의지와 역량

인내심이 있든 없든 많은 제작자들은 영상 산업에 투
신하면서 가혹한 경제 현실에 부닥치지만 꿋꿋이 버틴
다. 하지만 많은 제작자들이 중도에 주저앉는 것도 현실
이다. 영화사의 설립과 퇴출은 상당히 신속하게 일어나
기 때문에 국립영화청조차 제작자들의 현황을 조사 집계
자료화하기가 어렵다. 하지만 숫자로만 보았을 경우 안
정적인 것 같아 보인다. 영화학교 출신 제작자도 있다.
올리비에 델보스크와 마르크 미소니에(피델리테 프로덕
션)는 국립영화전문학교 페미스 강의실의 같은 의자들에
앉았던 동창생들이다. "바로 페미스가 영화 만들기를 이
해하고 배짱이 맞는 사람들을 만날 수 있게 해주었지요"
라고 그들은 회상한다.(《프르미에르》, 1999년 12월)

영화 만들기에 법칙이란
따로 없습니다. 모든 영
화인들이 입을 모아 한결
같이 하는 말은 "뭐니뭐
니해도 제일 중요한 건
만남, 그러니까 인간 관
계죠!"입니다. 물론 그렇
다고 해서 기술적인 수완
과 능력이 필요 없나는
건 절대 아닙니다.

결정적인 만남들

이 두 제작자들은 특히 프랑수아 오종 감독과 가깝다. 그들은 그들의 개인 펀드를 가지고서(4천 프랑) 오종 감독의 단편 영화를 제작했는데, 이 단편 작품이 두 제작자들에게 20만 프랑을 안겨 주었다. "영화사를 설립할 때 너무 빠른 속도로 일취월장하면 안 됩니다. (…) 영화란 카지노와 비슷한 면이 있어요. 당신이 내깃돈을 건다고 칩시다. 그래 돈을 좀 벌게 되면 다시 그 돈을 내기에 걸게 마련이지요……." 마리 마스몽테이 같은 제작자는(엘제비르 필름) 파리공과대학과 국립행정학교 출신으로 시트콤 프로덕션에 투신한 경우입니다. 그녀에게 영화 제작자가 되는 것, 그것은 "다른 사람이 품은 환상을 실재로 만들어 주는 것입니다. 이런 황당한 말을 자신 있게 할 수 있으려면 일종의 광기를 소유해야 하지요. 나는 1천만 프랑부터 1억 5천만 프랑까지 구하러 돌아다닐 거예요. 환상을 품고 있는 어느 한 여감독 혹은 어느 한 남자 감독을 위해서지요. 그들을 머리가 돌아 버릴 정도로 감격시키는 작품을 탄생시킬 수도 있고, 어쩌면 엉망인 작품을 만들 수도 있어요. 그래서 제작자의 입장에서는 무엇보다도 신념이 중요해요. 정말로 자신이 하는 일을 믿어야 하고 감독을 신뢰해야만 한답니다. 아주 명석하고 합리적인 이성을 유지하면서 말이지요."

뭐니뭐니해도 대화의 주제는 돈이다

"모험에 투신하기 위한 한 알갱이의 광기, 감독의 꿈을 실현시키기 위해서 가지고 있는 모든 자원을 가동시키기, 자금 조달자로서의 역할을 충실히 하기 위한 경제적인 현실 인식," 바로 이것이 완벽한 제작자의 프로필 요

영화사에서의 연수

마리 탱상
제작자 · 배급업자

"제작자가 필히 갖추어야 할 두 가지 자질, 그것은 정열과 인내심입니다."

"난 늘 같은 감독들과 작업합니다. 자크 리베트, 스트로브 형제, 그리고 얼마 전 《안녕, 암소들의 마루여》로 루이 델뤽상을 수상한 오타르 이오셀리어니 감독 말이에요. 모험은 감독이 프로젝트를 가지고 사무실에 상륙할 때부터 시작된답니다. 자크 리베트는 어느 화창한 아침녘에 도착했어요. 그는 상드린 보네르를 여주인공으로 해서 잔 다르크에 관한 영화를 만들고 싶다지 뭐예요! 순간 직감적으로 이건 끝내 주는 아이디어라고 나는 생각했어요. 나로서는 우리의 동정녀 잔 다르크를 국민전선당(Front National; 극우정당의 이름으로 잔 다르크를 당의 이데올로기를 상징하는 아이콘으로 설정한다) 정치패들의 손아귀에 넘겨 주지 않는다는 사실 하나로도 영화화의 의의가 충분하다고 여겼어요! 시나리오가 없었지만 그건 결코 문제가 되지 않았습니다. 자크 리베트는 촬영중에 시나리오를 써대는 습관이 있는 괴짜 감독이거든요. 곧바로 우리는 프로젝트를 실행에 옮기기 시작했습니다. 배우를 섭외하고, 촬영 장소를 물색하며, 스태프를 구성했지요. 촬영 장소에 출근하다시피하는 내 동업자와는 반대로 절대 촬영장에 가지 않는 게 내 원칙이에요. 바삐 움직이며 촬영에 열중하는 스태프들, 조명기사들, 혹은 의상디자이너들이 작업하는 현장에서 나 자신이 무익한 존재라고 스스로 여기니까요. 난 스스로를 스테레오 타입한 고전적인 제작자로 여기지 않아요. 사실 내가 할 일은 촬영장에 있는 게 아니라 다른 활동들, 광고와 영화 주변의 이벤트 등 배급과 흥행에 있습니다. 영화일들은 경영이나 회계, 그리고 마케팅 같은 기본 외에는 꼭 학교에서 배워지는 직업이 아닙니다. 영화사에서의 연수는 반드시 필요해요. 게다가 세트에 필요한 연장을 챙긴다거나, 촬영중에 교통 통제를 위해 바리케이드를 치는 등, 하찮아 보이는 일을 하는 것에 대해 부끄러워해서는 안 됩니다. 영화인이 되기 위해서라면 그 어느것 하나도 무익한 일은 없어요. 요즘 젊은이들은 너무 성급하게 화려하고 아름다운 여성들에 둘러싸인 부유한 제작자의 신화에 도달하려고 하더군요. 넘고 또 넘어야 할 산이 너무나 많은데도 말입니다!"

약이다. 제작자와 연출가 사이의 최초 만남에서의 가장 주된 관심사는 역시 작품의 기본 아이디어이다. 하지만 바로 이어지는 주요한 주제가 바로 돈 문제이다. 제작 초기부터 제작자는 영화의 지출 비용을 파악하고 결재하기 위해서 제작비 견적서를 작성한다. 그 안에는 촬영 스태프의 개런티, 제작 소요 예산, 기자재 대여비, 소품비, 교통비 등이 포함된다. 공동 제작자를 찾는 일은 이 자료를 근거로 전개된다. 일반인이 짐작하는 것과는 달리 제작자는 자신의 모든 돈을 프로젝트에 걸지 않는다. 프랑스에서 영화 자금원은 너무나도 다양해서 영화의 재정적 몽타주는 섬세한 곡예술에 비유될 정도이다.

여기 영화 제작비 투자의 몇 가지 예가 있다. 15% 정도의 제작자 개인의 투자금(이론상으로 나온 수치일 뿐이다), 외국 영화사들과의 공동 제작 협정, 배급업자의 선수금, 텔레비전 방송국의 공동 투자 참여, 배우나 스태프들의 지분 참여(개봉 후 수익분에 대한 일정한 비율), 은행과 기타 대출 기관들, 영상 산업 투자사들(소피카)과의 협력. 소피카는 개인들과 회사들을 영상 산업에 투자하도록 유

■ 제작자되기 ■

■영화를 제작하려면 국립영화청의 허가를 얻어야 한다.

■장편 영화 제작자가 되려면: 회사는 무역 회사의 형식으로 구성된다. 그 최소 자본은 부채 없이 30만 프랑이어야 한다.

■단편 영화 제작자가 되려면: 회사는 무역 회사이거나 개인 명의의 회사도 무방하다. 무역 회사의 경우라면 자본은 최소, 부채 없이 5만 프랑이 준비되어야 한다.

자료원: 국립영화청

도하는 협약 단체이다. 또 국립영화청의 지원금들이 있다. 그리고 기자재 제공자들과의 신용 거래는 기자재 대여금의 후불을 가능케 한다. 따라서 제작자가 이러한 복잡하고도 다양한 업무를 효과적으로 수행하기 위해서는 법제와 경영 노하우를 갖추는 게 필수적이다.

학교에서 배울 수 있는 직업

제작자라고 불리는 용어는 눈에 안 띄는 다양한 역할들을 포괄하는 자막 용어이다. 그래서 영화에는 여러 가지 유형의 제작자들이 존재한다. 각자의 임무는 엄격히 구분되어진다. 하지만 저예산 영화의 경우 이 기능들은 한 사람의 책임 아래에 통합된다.

대표 제작자는 다른 투자자들을 상대하는 영화의 법적이고 재정적인 책임자이다. 그는 여러 다른 파트너들이 투자한 자금을 운영하고 상영 후 이익금을 재분배한다. 영화 제작을 출산에 비유하면 그는 산모와 같은 존재이다.

제작 프로듀서는 영화 제작을 위해 영화사에 고용되는 전문직이다. 그는 스태프 구성의 책임을 맡는다. 그리고 촬영이 원활하게 진행되도록 조정 감시한다. 일반적으로 대형 제작사들을 위해 일하는 이 직책은 특히 미국식 제작에 많다.

■교육: 프랑스의 이미지와 음향 분야 직업의 국립고등전문학교(FEMIS), 영상연출고등전문학교(ESRA), 영화고등전문학교(ESEC), 국제이미지와 음향전문학교(IIIS) 같은 영화와 영상예술전문학교들과 벨기에 브뤼셀의 방송 기술과 극예술 국립고등전문학교(INSAS) 같은 영화전문학교는 특수 전공을 개설하고 있다. 대학의 영화와 영

상예술학과들도 제작에 대한 교육 과정이 있다. 또한 영상 분야 전문 기술 자격증(BTS) 과정에 '연예 프로덕션의 경영과 행정' 전공이 있음을 주목하자. 그러나 대부분의 제작자들은 영화 전문 학업 과정을 수강하지 않았고, 영화와는 전혀 다른 분야에서 온 사람들이다. 하지만 그들에게 무역전문학교 교육이나 혹은 경영과 회계대학 과정들은 중요하다.

• 제작 총지휘

프로젝트의 진행을 위해 제작자에게 고용된 제작 총지휘자는 일반적으로 제작사와는 독립적이다. 그는 프로젝트의 실제적인 진행 책임자이다. 다시 말해서 제작 총지휘자는 제작자의 권위를 드러내지 않으면서 영화 제작 과정에서 맞닥뜨리게 되는 어려운 점들을 조정한다! 그는 촬영의 진척도를 그때그때 제작자에게 보고하고 지출 내역을 감시한다. 그는 촬영 시간, 배우들의 일정을 세분화하는 서비스 페이퍼를 작성한다. 그리고 촬영 장소와 그날그날의 촬영시 필요한 모든 것을 세밀하게 기획하고 확정한다. 그리고 조수의 도움을 받아서 정확한 소요 경비 견적서를 작성한다. 거기에는 프로젝트의 진행에 필요한 모든 포스트들, 소품, 세트디자인 비용, 스태프의 이동 경비, 촬영 장소 임대, 기자재 임대(카메라, 녹음 기자재, 조명 기기 등), 그리고 스튜디오의 임대(편집, 믹싱), 필름 구입, 편집실 비용 등이 포함된다.

제작 총지휘는 촬영 전에 결정된 사항들이 제대로 집행되고 있는지 살피려고, 또 작업이 지연되어서 초과 비용들을 야기하는 경우를 피하기 위해서 촬영 현장에 동참하여 시시콜콜 간섭한답니다.

흥정하고 감사하기

마리 오딜 메이니얼
스위스의 여성 제작 프로듀서

"제작 총지휘는 보호막의 역할을 합니다."

"스위스에서는 제작 총지휘자의 역할은 제작실장의 역할과 어느 정도 겹쳐져 있어요. 그러나 부딪치는 문제는 두 역할이 흔히 분리된 프랑스에서와 비슷하답니다.

제작 총지휘자는 어느 정도 제작자와의 예산 협상권을 부여받습니다. 하지만 스태프들과의 계약서 협상은 언제나 힘든 과정입니다. 계약서 작성은 배우들과 먼저 마무리짓고, 그리고 나서 스태프들과 일을 풀어 나가야 합니다. 임금 협상에는 정해진 논리가 없답니다. 어떤 배우가 인기 정상이면 비록 그가 맘에 안 들어도 그에게는 후하게 개런티를 주어야 하지요. 그 반면 무능한 스태프는 아예 일을 구하지 못합니다. 촬영중에 제작 총지휘는 일종의 보호막 역할을 합니다. 그는 촬영 일정이 제대로 진행되는지 감시하고, 시간과 필름의 초과 비용을 관리하지요. 하지만 촬영의 특수성 때문에 불가피하게 초과 비용이 발생하는 경우가 있습니다. 예를 들어서 외부 촬영은 날씨가 안 맞으면 찍을 수 없게 되지요. 또한 필름의 경제적인 사용을 위해서, 편집할 때를 대비해 어느 장면이 중요하고 어느 장면은 덜 중요한지를 구별할 줄 알아야 합니다. 또 모든 스태프들 각각의 직업에 대한 지식이 있어야 촬영장에서 그들이 원하는 것과 배려해야 할 조건들을 미리 파악하게 되지요. 그 모든 것은 촬영이 점점 진행되면서 더 명료하게 알게 되긴 합니다. 나는 회계 분야 과목을 선택으로 대입예비시험에서 회계 과목을 선택했는데, 그 지식이 영화 제작 예산과 견적서를 다루는 데 큰 도움이 되었습니다. 그 나머지는 여러 제작 프로듀서의 조수로서 현장에서 갈고 닦은 실력이에요. 제작 총지휘의 일은 섬세한 관찰력과 정확한 예측력을 요구합니다."

협상의 인간

제작 총지휘는 또한 작업 계약서의 작성과 협상의 책임자이다. 스태프들의 포스트에 따라 영화 제작에 참여하는 기간, 즉 예기치 못하게 기한이 들쑥날쑥한 촬영의 준비 기간과 계약상의 종료 시한은 늘 골치 아픈 문제이다. 왜냐하면 제작자들은 가능한 한 지출비를 제한하려고 애쓰기 때문이다. 그럴 경우 초과 수당의 지불 유예건과 스태프들의 사기 문제(현실적인 재투자)를 갖고 수당 수혜자들과 제작자 사이에서 재협상을 중재하는 곤욕을 한바탕 치러야만 한다. 보험도 역시 제작 총지휘의 담당 영역이다. 보험은 촬영중에 발생할 수 있는 스태프들의 신체 사고들, 필름에 가해질 위험(손상과 도난)들, 그리고 흥행을 보증하기 위해 캐스팅된 배우의 뜻하지 않은 결손을 커버한다. 아울러 유명 브랜드의 협찬 조건(광고 수익)들과도 협상을 해야 한다. 그 협상은 흔히 자막에 협

■ 제작 총지휘의 직업 신분증 ■

국립영화청이 발급하는 '제작 총지휘'의 직업 신분증을 얻기 위해서는 다음의 조건들 중의 하나를 채워야 한다.
— 제작실장의 신분증을 소지한 사람, 그리고 그 자격으로 4편의 프랑스 장편 영화에 참여한 사람.
— 6편의 프랑스 장편 영화에 제작 행정가의 자격으로 참여한 사람.

— 페미스영화학교의 '공기업' 분야 졸업증 소지자이고, '제작실장'의 직업 신분증 소지자로 3편의 프랑스 장편 영화에 참여한 사람.
— 대표 제작자의 자격으로 5편의 장편 프랑스 영화를 제작하고, 제작 총지휘의 자격으로 그 작품들 중의 2편에 참여한 사람.

찬 브랜드의 이름을 넣기도 하고, 혹은 카메라로 특정 브랜드를 다소 길게 잡아 주는 조건으로 이루어진다. 그리고 제작 총지휘는 안전과 위생 상태들까지를 감시함과 아울러 촬영 스케줄의 초과나 야간 촬영의 경우에 합법적인 행정 처리까지를 담당한다.

관점의 문제이지요!

로익 베르트젱에 따르면 훌륭한 제작 총지휘자의 정의는 아주 주관적인 개념이다. "제작 총지휘자는 영화 제작의 특성상 불가피한 무형의 이미지 작업이라는 큰 규모의 여백을 제작자에게 이끌어 오는 설득하는 사람입니다. 기술 스태프에게는, 노조의 규범과 봉급 규범을 준수하게 만들 줄 아는 사람이고요. 아울러 촬영 기자재 임대자들에게는 가장 짧은 기간 안에 결재를 해주는 입장이지요. 그렇기 때문에 제작 총지휘자가 되려면 시간이 필요합니다. 나는 거의 모든 포스트들을 거치며 산전수전을 다 겪었어요. 전기기술자, 편집기사, 미술감독, 음향기사, 캐스팅 디렉터 등 안해 본 게 없다니까요. 반면 대부분의 제작 총지휘자는 조수나 행정 분야 출신이에요."

■교육: 이 문제에 있어서 따로 정해진 규칙은 없다. 그러나 영상 분야 BTS로 '연예계 행정과 제작 경영' 전공이 있다. 그리고 회계와 법제 두 분야에 대해 기본 소양을 갖춘다면 성공적인 제작자가 되는 데에 상호 보완의 카드가 될 수 있다.

연출 조감독이자 제작 총지휘자인 로익 베르트젱에 의하면 제작 총지휘 일을 배우기 위한 학교는 두 곳이 있습니다; 하나는 '행정'을 잘 배울 수 있는 사무실이고, 다른 하나는 '실무'를 더 잘 배울 수 있는 현장이지요.

• 제작 보조부와 제작 행정부

제작 총지휘는 자신의 임무를 정확히 완수하기 위해서

개방적이고 자유로운 성향이어야지요.

카린 코메이
비서 · 제작 조수-행정보좌역

"일을 주도적으로 할 줄 알아야 해요."

"텔레비전 시리즈 작업이든 다큐멘터리든 혹은 장편 영화를 하든 그건 내게 별로 중요하지 않아요. 내게 중요한 건 함께 프로젝트를 완성시켜 가는 사람들입니다"라고 제작 여비서인 카린 코메이는 고백한다. 그녀는 국립고용관리국에서 개설한 여조수 교육과정을 마치기 위해서 한 영화사에서 연수를 했다. 그녀는 그 영화사에서 내처 4년을 머물렀다. 그 기간은 영화 제작이 무엇인지 배우는 시간이었고, 그리고 다른 영화인들을 만나는 기회였다. 그 만남은 그녀에게 오늘날 텔레비전 채널 M6용 에로틱 시리즈와 로만 폴란스키 감독의 《아홉번째 문》에서 작업하는 행운을 만들어 주었다. "어떤 비서들은 시나리오들을 처음부터 끝까지 껍질을 벗기고 앉아 있어요. 왜냐하면 그녀들은 자기 이름이 아무 자막에나 오르는 것을 원치 않으니까요. 하지만 내게는 시나리오가 우선이 아닙니다. 제작 여비서의 작업은 제작 총지휘가 누구냐에 따라서 크게 차이가 나요. 내가 자주 함께 일하는 제작 총지휘는 멤버 한 사람 한 사람의 역량에 아주 개방적인 사람인데, 그는 자기 업무 속으로 나를 끌어들였고 스태프의 구성에도 참여시켰지요. 우리는 함께 스태프 물망에 오른 사람과의 약속 장소에 갑니다. 그를 관찰하고 나중에는 각자가 받은 인상들을 서로 비교하고 토론합니다. 바로 그런 토론 과정을 거치면서 자연스레 각자의 개성이 드러나고, 만약에 문제가 있을 경우는 타협을 할 수 있게 합니다. 사실 제작 사무국의 기초 업무는 썩 재미있는 일이 못 돼요. 자신의 직분을 지키면서도 일을 주도적으로 할 줄 알아야 합니다. 사람들이 당신에게 일을 맡기고 싶은 생각이 들게끔 말입니다. 그리고 나면 당신은 꼬옥 필요한 존재가 되어 있을 겁니다."

한 사람 혹은 여러 사람들을 거느려야 한다. 영화계의 스태프 리스트에는 제작 기간 동안 일하는 비정규직 여비서, 혹은 제작사의 정규직 여비서가 포함되어 있다. 후자를 데리고 일하는 경우가 가장 일반적이다.

제작 (여)비서는 제작에 필요한 기본적인 자료의 획득과 작성의 책임자이다. 서비스 페이퍼(실제로는 제작부 조수가 작성)는 정확하게 매일매일의 촬영 일지를 담고 있다(신 구분표, 촬영의 시작과 종결 시간, 각 포스트에 필요한 물품들의 내역표, 배우들의 출연 상황……).

> 프로덕션의 여비서는 문서 자료들을 작성, 관리합니다. 이것은 일단 영화가 완성되면 어떤 검증에도 다 답할 수 있는 증빙 서류가 될 것입니다.

제작 조수의 포스트는, 오늘날의 영화계 종사자의 집단 협약 리스트에 존재하지 않는 직업이다. 그러나 이 포스트는 제작 총지휘를 도와 준다. 조수는 제작실장과 감독의 (영화 촬영에 필요한 제반 여건의) 사전 물색 작업에 따라서 촬영 개시에 필요한 우편물들을 작성한다. "요즘은 프로덕션 조수나 비서들을 점점 고용하지 않기 때문에, 난 스스로 야외 촬영을 위한 허가 청구서와 같은 모든 우편물을 작성해야 한다니까요"라고 제작부장 파트리시아 짐메르만은 툴툴거립니다.

행정 프로듀서는 제작자가 위임하는 다소 진절머리나는 파트인 회계를 책임진다. 그는 봉급을 계산하고, 물자 제공자, 서비스 수당 수혜자들을 정한다. 대형 제작일 경우에는 회계 자료를 파악하고 검증하는 책임을 맡은 행정 보좌가 그를 도와 준다.

■ 교육: 어떤 특별한 교육도 정말로 요구되지 않는다. 단지 첫 연수를 얻기 위해서, 그리고 영화사에 입사하기

위해서는 강한 의지와 집요한 인내심이 필요하다.

• 제작실장

촬영팀의 실무 책임자인 제작실장은 이중의 기능을 갖는다. 시나리오의 발굴 후에 감독과 조감독과 함께 촬영 장소들을 결정하고, 촬영에 필요한 기자재를 공급하며, 특히 장면 분위기에 맞는 촬영 장소가 되게끔 전반적으로 신경을 쓴다. 그의 촬영 진행 노트, 제작 일지에는 각 신마다 감독이 필요로 하는 요구 사항들이 자잘한 글씨로 빼곡히 씌어 있다.

엄격한 요구 사항들

촬영 기간은 세밀하게 계산되어야 한다. 지연될 경우는 촬영 장소 임대료가 초과 지출될 수 있기 때문이다. 야외 촬영 시퀀스들을 위해서는 도청과 시청에 허가를 받아내야 한다. 교통을 중단시킬 수 있도록, 장시간 주차해야 하는 트럭들을 위해 주차 공간을 확보할 수 있도록,

예정된 촬영 일정이 지연되면 제작 예산 초과라는 압박에 시달립니다. 가령 비싼 값을 치르고 임대한 멋진 성에서 촬영할 때, 촬영팀이 예정된 시간에 예정된 분량을 다 찍지 못하고 있으면 제작부는 그저 속이 바짝바짝 타들어 가지요.

■ 제작실장의 신분증 ■

국립영화청이 발급하는 '제작실장'의 직업 신분증을 얻기 위해서는 다음의 세 조건들 중 하나를 채워야 한다.
— 조수의 자격으로 4편의 프랑스 장편 영화 참가.
— 제1조감독의 직업 신분증 소지자로, 특히 제작부원 자격으로 1편의 프랑스 장편 영화에 참가.
— 페미스 국립영화전문학교의 '공기업' 분야 연구 과정 졸업증 소지자, 그리고 제작부원의 자격으로 1편의 프랑스 장편 영화 참가.

파트리시아 짐메르만
제작실장

> "우린 온갖 부류의 사람들과 가까이 지내야 해요.
> 아파트 관리인에서부터 교통순경, 그리고 심지어
> 도지사에 이르기까지 말입니다."

파트리시아 짐메르만은 비서 업무 자격증을 소지하고 자신만만했던 18세에 배우 다니엘 게랭의 집에서 아기 돌보는 일부터 시작했다. 다니엘 게랭은 자기 자서전을 작성하는 타이피스트로 파트리시아를 고용했다. 이 배우는 그녀에게 제작자 다니엘 들로름을 소개했고, 다니엘 들로름은 파트리시아를 자기 영화사에 고용한다. 거기서 파트리시아는 배우 자비에 겔랭을 만난다. 자비에(《젊음의 충격》《이상적인 남자》의 배우)는 1999년 사망한다. 파트리시아는 자비에를 마치 오빠인 것처럼 회상한다. 그것은 파트리시아의 가장 아름다운 영화계 추억이다. 파트리시아는 미셸 드빌 감독의 《저택의 위험》 그리고 《공포 도시》에서 일했다. 자기 일을 몹시 좋아하는데도 불구하고 파트리시아는 냉철하게 말한다. "제작실장이란 촬영장의 '쓰레기통'과 같아요. 감사 편지를 작성하고, 협찬 의상이나 임대 소품들을 반환하며, 소품의 임대 계약서를 만들고, 손상에 대비하여 보험 가입을 해야 하지요. 문제가 생기면 임대자들은 우리의 제작실장에게 책임을 돌립니다. 그들이 처음 접촉한 사람이 우리니까요. 그래서 난 모든 스태프들이 촬영 장소를 소중하게 여기길 바라죠. 한번 왔다가 가면 그만이라고 생각해선 안 돼요. 다른 영화 촬영 때문에 그 장소로 되돌아오는 일이 왕왕 있으니까 더욱 조심해야죠. 요즘엔 다른 직책에 할당된 몫까지도 제작실장이 담당할 때가 있어요. 예를 들면 장난감 자동차들을 구해 오는 건 예전 같으면 소품 담당의 역할이었지요. 촬영 전 장소 헌팅도 같은 경우예요. 예전에는 제작부원의 일이었어요. 게다가 이 제작실장이라는 직업은 제작자들에 의해 좀 헐값에 취급되고 있지요. 제작자들은 비용을 절약하기 위해서 경험 없는 신참들을 고용하길 선호한 답니다. 하지만 이들 대부분은 제작 실장에게 꼭 필요한 기초 물품, 그러니까 마당발의 필수 목록인 주소록조차 못 갖춘 사람이

태반이에요.

촬영 준비 시간도 갈수록 더 짧아지고 있습니다. 통상 8주간의 촬영 일정을 위해서 우리에게 단 5주의 준비기간이 주어집니다. 파리에서 촬영 허가를 얻기 위해서는 3주의 기간이 필요하다는 걸 아신다면, 이건 정말이지 너무 짧아요! 이상적인 건 촬영 기간만큼의 준비 기간을 갖는 것입니다." 제작부는 제작실장이 선발한 연수생 혹은 영화사에서 파견한 연수생과 함께 대부분의 시간을 보내야 하는 직책의 하나이기도 합니다. 파트리시아는 영화학교 학생들의 이력서들을 받는 일도 했다. "가장 집요한 학생들만이 연수 기회를 따내는 데 성공합니다. 일단 제작실장, 제작 총지위, 제작자의 눈에 들어야 해요. 장래성 있는 연수생은 열정적이어야 하고 주체적인 감각의 소유자이면서, 그러면서도 자기 자리에서 신중히 일할 줄 알아야 됩니다. 촬영장에서의 모든 일을 관찰하고, 아주 사소한 것에도 주의를 기울일 줄 알아야 합니다. 연수생은 보통 비품 구하기, 배우들 이동, 그리고 스태프들의 편의에 관련된 자질구레한 일을 모두 맡습니다. 정수기 물 점검하기, 재떨이 비우기, 의약품 사기, 그리고 필요한 경우 의사 대령하기 등

이지요. 그리고 영사기의 여러 가지 램프들에 대한 지식도 충분해야 하고요. 신속히 재공급할 수 있기 위해서 카메라 소품들의 지식도 갖추어야 하고, 그리고 촬영중에 느닷없이 발생하는 온갖 사고에 대처할 줄도 알아야 한답니다. 여러 영화학교들은 양질의 기초 교육 과정을 갖추고 있어요. 특히 기술 부문의 지식을 얻기에 영화학교들은 퍽 유용합니다. 내가 이 직업에 애정을 갖고 있는 게 뭐냐구요? 그건 다름 아닌 사람들과의 만남이랍니다. 우린 온갖 부류의 사람들과 가까이 지내야 해요. 아파트 관리인에서부터 교통순경, 그리고 심지어 도지사에 이르기까지 말입니다. 모든 사람들과 잘 지내야만 해요. 인간 관계에서 특출한 수완을 발휘해야 한답니다." 촬영이 진행됨에 따라서 파트리시아는 도와주고 싶은 사람들을 만났다. 바로 그래서 그녀는 영화 제작에 투신하고 싶어진 것이다. "제작자가 되기 위해선 먼저 제작실장의 자리를 거쳐야 합니다. 내게 그 일이 비록 골고다 언덕길을 오르는 것 같이 고통스럽더라도 이겨내야 해요. 사실 난 회계와 협상, 그리고 계약서 작성 일은 딱 질색이거든요."

그리고 전기공사측에 전력 공급 설비를 완료해 놓도록 사전에 준비를 마쳐야만 한다.

제작을 위한 도약대

제작실장은 촬영, 음향, 조명 스태프들이 그날그날 필요한 기자재와 물품들을 제대로 확보했는지를 점검한다. 그리고 필름의 양도 점검한다. 그는 또한 집사의 역할도 맡는다. 전반적인 촬영팀늘의 생활을 도맡아서 촬영중에 스태프들이 무엇 하나도 부족하지 않도록 철저히 준비하는 것(식당, 술집, 호텔, 운송 수단 등)이다. 제작실장의 업무를 보좌하기 위해 제작부원이 있다.

제작부원도 역시 영화사 연수생에게 도움을 받는다. 연수생은 단순한 행정 업무들을 담당한다. 일반적으로 요구되는 제작실장의 자질은 유연한 사고에 인내심이 많아야 한다는 것이다. 이 일은 흔히 영화의 직업들 중에서 가장 인정을 못 받는 직업으로 간주된다. 영화의 기술 스태프들은 거의 이 직업을 거치지 않았을 것이다! 그렇지만 제작 지휘를 목표로 하는 사람들에게 제작실장의 업무는 아주 중요하고 많은 걸 배우게 되는 자리이다.

■교육: 이 직업은 모든 이에게 개방되어 있다. 이것은 현장에서 배워진다. 그리고 흔히는 제작 지휘, 감독 조수, 그리고 연출 같은 다른 직책들에 도달할 수 있는 도약대이다.

2. 시나리오

• 시나리오 작가

1편의 영화가 탄생되기까지 협력하는 대부분의 사람들은 연예계의 비정규직 기술자이다. 그러나 작가이지 기술자가 아닌 시나리오 작가는 '영화의 대가족' 주변부에 자리잡고 있고, 인정을 잘 받지 못해서 괴로운 처지이다. 일단 영화가 끝나면 그가 이미 한 작업은 배우 · 편집기사 혹은 촬영감독의 작업만큼 피부에 와닿지 못한다. 국립영화청은 이 '불행한 존재'에 간접적으로 관여한다. 왜냐하면 시나리오 작가라는 직업은 국립영화청에 의해 정식으로 인정되고 있지 않기 때문이다!

흘려 쓴 엉성한 시나리오에서 탄탄히 짜여진 시나리오로

무성 영화 시대에 파리 북부 교외 지역 뱅센의 영화 스튜디오들은 하나의 창구를 마련해 놓았다. 그 창구는 신문기자들, 작가들, 그리고 돈이 궁한 극작가들이 종이에 흘려 쓴 엉성한 스토리를 단 돈 몇 프랑에 팔러 오는 창구였다. 그러다가 유성 영화 시대로 바뀌자 완전히 카드의 패가 바뀌게 되었다. 시나리오가 영화 촬영의 주요한 요소가 된 것이다. 시나리오 연구 교실들은 미국의 영화 스튜디오들 덕분에 빛을 보았다. 이들 스튜디오들은 수많은 시나리오 작가들을 계약직으로 고용했다. 작가들의

시나리오 작가라는 직업은 영화 직업인들의 분야에서나 대중에게서나 별로 주목받지 못하고 있습니다.

임무는 독창적인 아이디어들을 할리우드에 공급하는 것이었다. 위대한 미국 감독들은 바로 이러한 과정을 거쳐 탄생했다. 빌리 와일더 혹은 J.-L. 맨케비츠 등이 바로 그들이다.

감독으로 건너가기 위한 바람직한 길이라고?

시나리오 창작 교실은 1915년 컬럼비아대학에서 빛을 보았다. 오늘날 밀로스 포먼이나 폴 슈레이더 같은 크게 성공한 최상급의 감독들이 컬럼비아대학 시나리오 창작 과정에서 시나리오 작법에 대해 강의를 한다. 이 두 교수들이 감독들이라는 사실을 주목해 보자. 혹시 이 사실은 훌륭한 시나리오 작가는 당연히 감독의 길로 들어서게 된다는 점을 시사하는 게 아닐까? 아니면 아마도 자기 아이디어를 누군가가 빼앗아 가는 꼴을 보지 않기 위한 하나의 방편으로 직접 감독들이 시나리오를 쓰는 걸까……. 빌리 와일더는 시나리오 창작을 "당신이 누군가의 침대를 말끔히 정돈해 놓았는데, 그러자 누군가가 와서는 당신이 정돈해 놓은 그 침대로 뛰어 들어가고, 당신은 집으로 돌아가는 것말고는 달리 할 도리가 없는 일"이라고 정의했다. (《할리우드를 향한 패스포트》, 미셸 시몽, 세이유 출판사, 1987) 프랑스와 유럽에서의 시나리오 창작 교육은 1980년대 중반 이후부터 시작되었다. 현재 유럽 콩세르바투아르의 영상시나리오 창작 과정 외에 파리3대학, INA, 그리고 영화전문학교 페미스는 시나리오 창작 과정을 운영하고 있다.

프랑스식 예외

시나리오 창작의 교육 방법에 관해서는 의견 일치를 못

시나리오 창작은 시나리오 작가들이 대부분 소설가였던 과거와는 달리 오늘날에는 학교에서 배워지는, 따라서 교육되는 테크닉으로 간주됩니다.

보는 것 같다. 시나리오 작가(자크 리베트의 《추락한 사랑》 《4인방》, 앙드레 테시네 감독의 《범죄의 장소》)이자 감독(《로베르 금지》)이고 국립영화전문학교 페미스에서 강의하는 파스칼 보니체르는, 이러한 문제에 대해 설명하면서 또 다른 해법을 제시하고자 애쓴다. "미국에서의 교육 방식은 거의 수학적인 규칙들을 신뢰하는 편이다. 더욱이 표준화된 그 법칙들에 내재되어 있는 불합리한 요소들을 재고하지 않고 무조건 수용하고 있다. 이 표준화된 교육 방식은 우리에게는 여간 부자연스러운 게 아니다. 시나리오 교육에 있어서는 여러 가지 특수성이 고려되어야 한다. 그리고 이 전공을 선택하는 학생들을 고무시키고 있는 '작가주의적인' 욕망도 물론 고려되어야 한다. 왜냐하면 프랑스 영화의 역사는 산업의 범주 내에서 출발하지 않았고, 또한 경계가 뚜렷이 구분된 장르로 만들어지지 않았기 때문이다."(《영화와 그 직업들》, 미셸 시옹, 보르다스 출판사, 1990)

30명의 시나리오 작가가 정기적으로 작업한다

미국과는 반대로 프랑스에서 시나리오 창작은 전혀 체계화되지도 직업화되어 있지도 않았다. 작가와 방송구성작가협회(SACD)에 등록된 3백여 명의 시나리오 작가 중에서 단 10%만이 정기적으로 글을 쓰고 있다. 그 중 몇몇 작가만이 주목을 받고 있고, 시나리오 창작만으로 먹고 사는 실정이다. 그런 작가로·장 클로드 카리에르·다니엘 톰슨 그리고 프랑시스 베베르를 들 수 있다. 프랑시스 베베르는 프랑스의 소규모 시나리오 작가의 세계에서 예외적 존재이다. 프랑스에서도 탁월하다고 평가되는 그의 시나리오들은 미국 시나리오의 규칙을 본뜬 스토리

감독이자 교수, 시나리오 작가인 파스칼 보니체르는 말합니다. "프랑스에서 영화의 역사는 언제나 주변부에 위치한 아웃사이더들, 창조적인 발명가들의 역할을 하는 프랑스 영화인들을 위대한 영화인으로 조명하면서 씌어졌습니다. 그런 전통이 프랑스 영화인들로 하여금 지금도 일정한 규범에 얽매이지 않고 창조적으로 행동할 수 있게 하는 요인이지요."

유형의 모델들에 기초해 있다. 《염소》《도망자들》《공범자들》《성가신 놈》의 캐릭터들은 서로 상반되는 두 주인공 주위에서 맴돌며 상황이 전개된다. 그 상황 속에서 개그가 빚어지고, 충돌이 일어나며, 그리고 우정이 싹튼다.

다른 시나리오 작가들은 감독의 그늘 아래에 위치하거나, 혹은 시나리오 작가 이전에 소설가였다. 소설가와 시나리오 작가라는 두 유형의 작가는 분명히 서로 비슷한 구석이 있다. 또한 글쓰기의 취향과 재능 외에도 같은 자질들이 있다. 그것은 스토리를 들려 주고 싶어하고, 메시지를 전달하고 싶어하며, 감동을 불러일으키거나 전달하고자 하고, 관객이 자신과 동일시하며 빠져들 수 있는 인물 유형들을 창조하고자 하는 욕망이다.

첫 단계 : 시놉시스 만들기

《델리카트슨》의 시나리오 작가 질 아드리엥에게 있어서는 글쓰기 재능은 충분하지 않습니다. "시나리오 작가가 된다는 것, 그것은 단지 글을 쓰는 일이 아닙니다. 그것은 묘사하는 것이에요. 이미지 구사 능력을 가져야 하고 그것을 전달할 줄 알아야 합니다."(《누벨 옵세르바퇴르》, 1994년 3월 31일)

시나리오 작가로서 성공하는 길이 얼마나 고단한 긴 여정인지를 잘 알면서도 당신이 시나리오 작가가 되고자 하는 욕망이 있고, 또 재능이 있다면 당신의 행운을 시험할 수 있다. 하지만 갖고 있는 능력보다 야심을 더 크게 갖진 말아야 한다! 당신이 직접 장편 시나리오를 쓴다 해도 그 작품이 남에게 읽혀질 행운은 아주 미미하다. 혹시 당신 친구들 중에 제작자가 있다면 모르겠지만. 차라리 10여 페이지의 시놉시스를 잘 다듬어 놓는 일에 몰두하는 게 더 나을 것이다. 스토리를 짧게 요약하고 인물들을 소개하는 시놉시스 말이다. 만일 당신의 시놉시스에 관심을 가지는 제작자가 나선다면 그 시놉시스를 전개할 시간은 충분히 당신에게 주어질 것이다. 어쨌든 제작자는 당신의 시나리오 텍스트를 채택하기 전에 당신에게 여러 번 텍스트를 다시 손질할 것을 단계적으로 요구할

것이다. 그러니까 출발에서부터 완벽한 시나리오를 쓰기
원하면서 시간을 잃어버리는 건 무익하다. 보다 중요한
것은 독창적인 아이디어이고, 등장인물들을 잡아 놓는
일이다.

글쓰기 듀엣

어떤 감독들은 그 어느 누구에게도 자기 아이디어를
글로 쓰게 하지 않는다. 반대로 어떤 감독들은 자신의 생
각을 종이에 눕혀 놓기 위해서 누군가를 필요로 한다. 그
래서 프랑스 영화에는 감독과 시나리오 작가의 커플들이
만들어졌다. 마르셀 카르네와 자크 프레베르, 자크 리베
트와 파스칼 보니체르, 루이 부뉘엘과 장 클로드 카리에
르, 알랭 레네와 자크 그뤼오 등이 유명한 감독/시나리
오 작가 커플이다.

시나리오 집필 과정에서 감독과 작가가 정기적으로 만
나면서 이루어지는 공범 의식은 시나리오 작가에게 자기
스토리를 최소 한도로 컨트롤하게 할 수 있다. 일단 촬영
이 시작되어 이미지 만들기 작업이 진행되면 시나리오는
작가의 손을 벗어난다. 그러나 예외도 있다. 자크 리베트
같은 감독은 촬영중에도 시나리오 작가 파스칼 보니체르
에게 현장에 오도록 한다. 즉 스토리를 수정하라고 요구
하는 것이다. 그러나 일반적으로 시나리오 작가는 촬영
에 참가하지 않는다.

인정받는 것은…… 작은 스크린에서

텔레비전만이 시나리오 작가들을 독립된 한 직업인으
로 간주한다.(《글쓰기의 직업들》, 제라르 델테이, 르봉디르

출판사, 2000) 때문에 많은 작가들이 영화계에 '불만을 품고' 그들을 소홀히 취급하는 영화계보다 텔레비전에서 만족을 얻는다. "영화계에서는 감독이 시나리오 작가와 제작자를 연결시켜 주기도 하는데, 텔레비전에서의 감독의 위상은 사실 사륜차의 다섯번째 바퀴에 불과합니다. 텔레비전 드라마의 연기자들도 획일화된 틀 속에서 연기 지도를 받습니다"라고 시나리오작가협회 회원인 베르나르 스키라는 강조한다.

국립영화청의 1998년 자료에 의하면 연간 영화 제작 편수는 텔레비전 영화 제작 편수의 절반에 간신히 이릅니다. 따라서 텔레비전은 시나리오 작가들에게 영화보다 더욱 많은 취업로를 제공해 주지요.

주물 속으로 들어가세요, 그리고 《성경》을 읽으시도록!

텔레비전 쪽에서 감독을 찾는 경우는 시나리오가 이미 완성되어 텔레비전 방송에 팔렸을 경우이다. 하지만 아르테 방송국 같은 곳을 제외한 여타 텔레비전 방송국은 감독에게 그만큼의 자유도 부여하지 않는다. 텔레비전 드라마들은 일정한 규격대로 만들어지고, 마케팅 기준에 부응해야 한다. 간접적인 방식으로 광고주들을 유혹해야 하기 때문이다. 텔레비전 시리즈들의 주인공은 규격화된 인물 모델에 따라서 창조된다.

텔레비전 시나리오 작가가 따라야 할 규범들은 마치 수험생의 참고 서적처럼 그들이 할 수 있는 것과 할 수 없는 것들, 심지어 인물들의 초상과 캐릭터까지 이미 대략적으로 강령화되어 있다. 그러니까 《성경》이나 다름없는 책이다. 텔레필름들, 텔레비전 드라마들에서 어떤 주제들은 금기로 묶여 있다. 이들 시리즈물은 시청자의 기분을 즐겁게 하기 위해서 존재하기 때문이다. 텔레 필름들은 26분짜리, 52분짜리, 90분짜리의 세 형식으로 존재한다.

시나리오 가격

주의 사항! 절대로 텔레비전을 위해서는 무료로 쓰지 말 것! 일단 시놉시스가 제작자의 흥미를 끌면, 더 전개된 시나리오를 얻기 위해서 제작자는 돈을 꼭 지불해야만 한다. "시나리오에 돈을 지출하는 제작자로서는 아무 곳에도 계약되지 않은 시나리오일수록 더욱 관심을 가지는 법이지요. 작가로서 시나리오 가격을 올리는 문제는 델리케이트한 줄다리기예요. 값이 전혀 나가지 않는 것은 아무 가치도 없는 법입니다. 텔레비전은 어디까지나 산업입니다. 준수해야 할 기본 절차와 법칙들로 조직된 산업이에요"라고 베르나르 스키라는 강조한다.

• 대사 작가

영화에서의 대사의 중요성은 두말할 여지가 없다. 그러나 대사량이 많은 신들을 각색하기 위해서 다른 작가에게 도움을 청해야 한다는 견해를 가진 시나리오 작가들은 아주 소수이다. 대사 작가 미셸 오디아르의 명성은 유명 배우의 명성과 나란히 할 만큼 이따금은 감독의 명성을 가려 버릴 정도로까지 대사 작가로서의 재능을 예술적인 경지로까지 올려 놓았다.

베르나르 스키라의 지적에 따르면 일반적인 시나리오 작가들은 오류를 반복하고 있다. "대사들은 흔히 등장인물들의 내면을 표현하는 것보단 오히려 등장인물들의 면면을 구구절절 설명하고 있어요. 생생하게 살아 꿈틀대는 인물을 묘사하기보다는 인물 설명을 하고 있다는 말

오늘날 더 이상 대사의 전문가는 없습니다. 시나리오 텍스트는 흔히 여러 작가들의 협력의 결과물이지요.

▥ 계 약 ▥

■각색권

정해진 봉급 계산표로 일정한 수혜를 받는 연예계 비정규직 종사자들과는 달리 시나리오 작가들은 그들의 보수를 규정화하는 데 기대할 민한 자료가 전혀 없다. 여기 제작사에서 관행화되어 있는 계약서의 유형들에 대한 몇 가지 정보가 있다. 하지만 숨겨진 암초를 피하기 위해서 시나리오작가협회에 직접 문의하는 것이 더 바람직하다. 시나리오 작가들의 권익을 옹호하기 위한 유일한 노조인 이곳은 몇 해 전부터 몇 가지 직업 윤리의 규범들을 정돈하기 위해서 전념하고 있다.

장편 영화의 경우, 제작자는 1년간 혹은 가끔 있는 경우이지만 1년 6개월 기간의 시나리오 권리 선택권을 산다. 이것은 시나리오 작가가 자기 시나리오를 계약 기간 동안에는 다른 곳에 제시하러 다닐 권리가 없다는 것을 의미한다. 때문에 제작자로서는 이 기간 안에 영화를 촬영하기 위해서 프로젝트를 진행하도록 힘써야 한다. 장편 시나리오에 대한 최소한의 가격을 매기는 것은 어렵다. 그건 작가의 유명세에 따라 둘쭉날쭉이기 때문이다.

텔레비전 시리즈물의 경우 텔레비전 방송국이 제작자에게 집필 약정에 의해 대본을 주문하는 데서부터 시작한다. 그러면 제작자는 방송국의 주문 방향에 걸맞는 자신이 선택한 시나리오 작가와 집필 계약을 맺는다. 이 계약서에는 3-5단계의 집필 과정이 예시되어져 있다. 그 단계 동안에 제작자는 시나리오의 전개를 컨트롤하고 작가에게 어떤 부분들을 다시 쓰도록 요구할 수 있다. 텔레필름의 경우는 텔레비전 시리즈와는 반대로 시나리오 작가가 자기 시놉시스를 제작자에게 제안하여, 방송국측이 읽고 검토하도록 할 수 있다. 만일 방송국이 시놉시스를 수락하면 방송국은 제작자와 집필 약정을 맺고, 제작자는 작가와 계약을 한다. 이 경우에 작가는 각 단계마다 작가료를 받는다. 원칙적으로 데뷔 시나리오 작가의 90분짜리 편당 시나리오료는 12만 프랑 이하로 내려가서는 안 된다. 작품이 텔레비전에 방영되면 작가는 거의 14만 프랑을 받고, 재방영시에는 9만 프랑을 받는다. 시나리오 작가의 작업은 거의 혼자 이루어지지 않는다. 대사는 흔히 다른 작가가 수정한다. 또는 특정 장면을 다른 시나리오 작가가 수정하는 경우도 있다. 따라서 작가는 자기 권리의 일부분을 그들에게 나누어 주어야만 한다.

■배급권

배급권은 시나리오를 촬영한 스토리 혹은 필름을 상영하는 텔레비전 방송국들에 의해 지불된다. 이때 액수는 작품이 방송국에서 차지하는 비중과 배급 시간대의 엄밀한 상품성에 의해서 계산된다.

■거부권

경쟁 입찰은 텔레비전 방송국들이 더 이상 파트너로서 삼지 않는 제작자들에게서 발견되는 경우이다. 제작자들은 주제별로 공모를 내걸고 참여하려는 시나리오 작가들에게 참가료를 지불하게 한다. 이때 요구되는 액수는 50프랑에서 5백 프랑, 이따금은 1천 프랑까지 있다.

이 시스템은 시나리오작가협회에 의해 고발되었다. 시나리오 작가들에게 이런 불합리한 시스템을 거부할 것과, 그리고 무료로 일하지 말 것을 촉구한다.

이지요. 여기 그 점을 잘 일깨우는 미국 속담이 있습니다. "어떤 신의 대사가 이미 설정되어져 있는 신 자체의 분위기를 반복 설명하고 있다면 이미 그 작가는 진탕 속에 빠진 채 허우적대는 꼴이랍니다." 어떤 영화의 자막들엔 '대사가 수정된 것임'이라는 항목이 있는 경우가 있다. 이것은 소설 혹은 희곡 작품의 각색에서 대사 작가의 수정, 첨삭 작업이 있었음을 알려 주는 것이다. 혹은 공동 시나리오 작가의 부분적인 개입을 가리키는 것이다.

• 각색자

각색하는 것, 그것은 문학 작품을 스크린에 옮기는 것이다. 각색 시나리오 작가의 작업은 우선 소설 혹은 희곡 작품을 시퀀스별로 자르는 일로 시작된다. 그때의 어려

움은 스토리의 기본 골격을 유지하면서, 어떻게 화면의
흐름을 리드미컬하게 할 수 있는 시각적 아이디어들을
찾기 위해서 작품의 가장 중요한 부분들을 선별해 내느
냐에 있다.

원작에 충실할 것인가, 혹은
자유롭게 각색할 것인가?

어떤 각색들은 감독의 의지에 따라서 원작에 얽매이지
않을 수도 있다. 그래서 우리가 읽었던 책에서 뽑아낸 영
화를 보고 실망하는 경우가 종종 있다. 이따금 영화는 원
작에서 어떤 영감만을 취하는 수가 있는데, 이런 경우 시
나리오는 오로지 줄거리만을 따오고 인물들을 다른 시대
혹은 다른 세계에 설정해 놓고 이야기를 발전시킬 수 있
다. 갈리마르 출판사의 누아르 시리즈 컬렉션의 형사 추
리물 소설의 경우가 이에 해당되는 좋은 예이다. 미국에
서 벌어진 그 스토리들은 프랑스적인 환경 속에 옮겨질
수 있다. 장 클로드 카리에르는 말한다. "우리는 책에 충
실해서 영화를 만들 수 있다. 하지만 좋은 영화를 만들려
면 책을 덮어 버려야 한다."(《누벨 옵세르바퇴르》, 1994년
3월 31일)

■ 교육: 글쓰기의 숙달은 기본 소양이다. 시나리오 창
작 교실들은 매일 개설되고 있다. 영화와 영상물 전문학
교들은 시나리오 창작과를 두고 있다. 특히 정예화된 코
스가 페미스에 있다. 또한 유럽 영상물 창작학교에도 시
나리오 교육 과정이 있다.

• 스토리보드 화가

스토리보드, 순프랑스어 사용주의자의 용어로 스토리마주는 시나리오와 촬영 사이의 단계이다. 그것은 문자를 이미지화하기 위한 사전 준비이다. 스토리보드는 한 숏 한 숏에 담긴 적절한 조명, 카메라 앵글과 시점, 프레임 속의 인물의 동선과 위치 등을 그림으로 그린 일종의 시각화된 촬영 플랜이다. 그리고 이따금은 의상 색채들까지도 적시해 놓는다. 이 작업은 스토리보드 화가라는 삽화가에 의해 실현된다. 그는 완전한 자격을 갖춘 영화 기술자로 간주된다. 그러나 국립영화청에는 그 직급이 등록되어 있지는 않다.

프랑스에 대략 30여 명의 스토리보드 화가가 있다고 집계된다. 그 과정은 단순하다. 시나리오 독서 후에 삽화가는 감독을 만난다. 감독은 삽화가에게 자신이 상상하는 것을 묘사해 주고, 삽화가는 감독이 구상한 신을 스케치한다.

스토리보드 화가는 자기 집으로 돌아와 그 그림들을 공들여 다듬는다. 막심 르비에르는 장 자크 아노 감독의 《티벳에서의 7년》의 스토리보드를 세 권의 책으로 그려 냈다. 그것은 "30여 시퀀스를 제외한 영화 전편을 실재로 재현한 것이었다." 그것은 6개월의 작업 과정 끝에 나온 1천5백 장 이상의 그림이었다!"(《리베라시옹》, 1997년 10월 26일)

잘 나온 스토리보드는 한편으로는 제작자들을 안심시킵니다. 다른 한편으로는 감독들에게 긴장에 쌓인 촬영 순간에 이미지를 또다시 짜내야 하는 번거로움을 피하게 해주지요. 스토리보드의 그림대로 필름에 옮겨 그리면 되니까 말입니다.

촬영을 예견하는 수단

스토리보드는 대형 제작사들이나 누리는 제한된 사치

이다. 스토리보드의 작업은 제작 예산의 최고치를 염두에 두면서도 한편 예산의 초과를 미연에 방지할 수 있다는 점에서 요구되는 일이다. 장 폴 라프노 같은 감독들은 스토리보드를 적절히 활용한다. "스토리보드는 우리에게 아주 정확하게, 우리가 무엇을 촬영할 것인가와 어떻게 촬영할 것인가를 미리 알게 해줍니다. 따라서 스토리보드는 촬영 준비를 더욱 쉽게 해줍니다. 그렇다고 시나리오가 그날그날 씌어지는 촬영이라고 더 어렵지는 않습니다. 창조란 정확한 법칙대로 굴러가는 게 아니에요. 직관은 영화 연출에서 매우 중요합니다"라고 제1촬영 조수장 이브 르플랭은 말한다.

스토리보드는 신들, 세부 사항들, 소품들, 장소들…… 그리고 이따금은 의상 색채까지도 설정된 그림들로 이루어져 있습니다.

특수 효과와 광고를 위해서

오늘날 스토리보드는 특수 효과 영화들을 위해 훨씬 자주 사용되고 있다. 한편 인위적인 상상의 이미지 조합을 필요로 하는 광고 영화에서는, 즉 독립된 여러 다른 순간들을 중첩시킬 때 어떻게 카메라의 시점을 취해야 하는가의 문제와 긴밀하게 연계된다. 스토리보드는 궁극적인 최종 이미지를 시각화하고 단계 단계별의 조각난 이미지를 조직하는 유일한 수단이다. 그러나 그것이 완전한 합의를 이끌어 내는 것은 아니다. 즉 스토리보드는 모두가 따라야 할 결론은 전혀 아니다.

■교육: 어떤 산업예술전문학교는 스토리보드 전문 교육 프로그램을 갖고 있다. 이미지직업학교(CFT 고블랭 소속, 생마르셀 대로 73번지, 파리 13구, tel: 01 40 79 92 79)가 그런 곳이다.

3. 배우

배우는 의심할 여지없이 영화의 가장 신비로운 직업이다. 그러나 가장 불안정한 직업이기도 하다. 배우의 성공은 어떤 법칙과도 상응하지 않는다. 영화계의 스타가 된 몇몇 배우들이 불러일으키는 광채는 인정받지 못하는, 아마도 영원히 영화 포스터 윗부분에 이름이 안 보일 수도 있는 작은 단역들의 무리를 뒤에 숨기고 있다.

간단히 말해서 성공의 월계관을 쓰려는 후보자들은 너무 많고, 그 자리는 지극히 드물다! 영화배우의 연기는 연극배우의 그것과 다르다. 텍스트의 암기는 촬영이 진행됨에 따라서 이루어질 수 있다. 반면 연극에서 배우는 자기 배역을 수없이 되풀이 학습해야 한다.

카메라에서 몇 센티미터 떨어져서

배우의 연기는 감독의 지시에 따른 카메라 움직임에 따라서 이루어진다. 그래서 연기는 조명과 음향의 기술적인 구속 요인들에 의해 강요되는 동선 안에 적응해야 한다. 연기중인 배우는 사실 완전히 자유롭지는 않다. 그는 자신의 주위에 바짝 둘러서 있는 스태프들 앞에서 자기 배역을 해석하기 위해 대단한 집중력을 발휘해야 한다. 이때 스태프들은 배우의 연기보다는 자신들의 역할에 더욱더 집중한다(렌즈 초점, 조명⋯⋯). 배우는 특수 효과를 필요로 하는 신에서는 마치 자기 파트너가 앞에 있는 양 허공을 상대로 혼자 연기에 몰입할 수도 있어야 한다.

언젠가 학교에서 땅에 줄을 긋고 우리는 그 줄 앞에 섰습니다. 그때까지 우리는 우리 자신이었습니다. 줄을 넘으면 우리는 다른 감정과 태도 속에 있게 됐어요. 그리고 나서 우리는 뒤로 물러나자 다시 우리 자신으로 되돌아왔지요. 나는 그게 배우의 숙명이라고 생각했어요. 존재하는 능력, 그리고 더 이상 존재하지 않는 능력 말이에요"라고 카트린 프로트는 토로한다.(《프르미에르》, 2000년 2월)

꿈과 현실 사이에서

브뤼노 슬라그뮐데르
배우

"배우라는 직업은 언제나 날 꿈속에 빠지게 만들지요. 하지만 성공은 또 다른 문제예요. 성공한 배우가 되기 위해선 꿈에 나 자신을 내맡기기만 하면 안 됩니다."

배우라는 것은 분명 전문직이다. 예술과 기술의 양면을 장악해야 하는 어려운 직업이다. 천부적인 예술가로서의 재능도 필수이지만, 한편으론 영화 작업 전반의 기능적인 측면에 대한 꼼꼼한 이해도 필요한 직업이다. 연기를 잘하는 것만으론 충분하지 않다. 이미지 만들기의 작업에 수반되는 기술적 구속 요인들, 프레임, 조명, 음향 등을 인식할 줄 알고 계산할 줄 알아야 한다. "나는 모든 영상 분야에 열린 자세로 임하고 있어요. 장편 영화, 다큐멘터리, 시트콤, 광고 분야들 모두에 취업할 의지를 갖고 있지요. 내게 중요한 것은 그때그때 던져진 상황 속에 처하는 것입니다. 나는 어떤 프로젝트이건 내 개인의 취향으로는 별 관심이 없더라도 나는 언제나 그 안에서 내 배역을 찾으려고 애씁니다. 그 일을 통해서 배우로서 뭔가 유익한 것을 얻어내기 위해서 말이에요. 연기 강좌를 이수했다고 해서 배역을 확실하게 딸 수 있는 것은 아닙니다. 나는 모든 캐스팅 디렉터에게 내 포트폴리오를 보내는 일부터 시작했지만 전혀 반응이 없었어요. 그런데 연기자의 문은 내가 에이전시를 선택하는 순간부터 열렸지요. 배우들에게 에이전시와의 협업은 필수불가결한 일입니다. 지금 난 내 직업의 행정적인 문제들에 대한 짐을 벗으면서 온전히 연기에만 몰입할 수 있게 됐어요. 배우라는 직업의 어려움을 단단히 인식해야 합니다. 배우라는 직업은 언제나 날 꿈속에 살게 하지만 성공은 또 다른 문제지요. 성공한 배우가 되기 위해선 꿈에 나 자신을 내맡기기만 하면 안 됩니다. 배우의 일은 아주아주 고된 직업이에요. 거기엔 왕도가 따로 없어요. 그렇다고 그저 맹목적으로 일하는 것, 그것만이 최선은 아니에요. 자신을 팔 줄 아는 게 최선입니다. 캐스팅은 사업상의 만남과도 비교할 수 있습니다. 자존심을 접고 간신히 용기를 내어 프로포즈를 했는데 일언지하에 거부당할 때, 아니면 오디션조차 거부당할 때 성질을 부리지 않는 법을 배우는 게 더 유익해요. 참으로 모순이지만 배우란 굴욕을 감수하면서도 아주 고차원적인 에고를 갖고 자신을 무장해야 한답니다."

무질서 속에서 연기하기

또 다른 어려운 점: 촬영은 시나리오상의 시간 순서에 따라 진행되지 않는다. 뒤죽박죽된 시간의 무질서 속에서 신들이 촬영되기 때문에 배우는 급격히 단절된 상황에 맞추어 감정을 바꿔가며 자기 배역을 연기해야 한다. 카트린 프로트(《가족 아리아》《예술을 사랑하는 여자》)에게 이 직업은 "웃음에서 눈물로 즉각 이행하는 식의 엄청난 단절을 스스로에게 가할 수 있는 능력을 의미합니다. 언젠가 학교에서 땅에 줄을 긋고 우리는 그 줄 앞에 섰습니다. 그때까지 우리는 우리 자신이었습니다. 줄을 넘으면 우리는 다른 감정과 태도 속에 있게 됐어요. 그리고 나서 뒤로 물러나면 다시 우리 자신으로 되돌아왔지요. 나는 그게 배우의 숙명이라고 생각했어요. 존재하는 능력 그리고 더 이상 존재하지 않는 능력 말이에요"라고 카트린 프로트는 토로한다.(《프르미에르》, 2000년 2월)

기다림도 배우의 숙명의 일부분이다. 1분 혹은 10분을 촬영하기 위해서 이따금 긴 기다림이 요구된다. 어떤 배역들은 분장과 의상 준비에 장시간의 준비 시간을 요구받고, 게다가 촬영 현장에선 또다시 긴 기다림이 기다리고 있다.

연극은 영화보다 배우들에게 22배나 많은 일자리를 제공합니다. 연극과 영화의 차이는 고용기간에서도 확연히 드러나지요.

촬영 개시를 알리는 딱딱이 소리를 듣기 전에 연극 무대 밟기

어떤 배우들은 연극만을 고집하고, 어떤 배우들은 영화만을 고집하며 그 경계선을 넘지 않지만, 오늘날 배우들은 몇 년 전보다 훨씬 쉽게 그 경계선을 넘나들고 있다. 신세대 배우들에게서 소속감에 대한 부담 없이 카메라에서 연극 무대로 이행하는 경향이 부쩍 빈번히 일어난다. 영화배우 로만 보랑거 · 마리 길랭 혹은 산드린 키베르랭은 이미 연극 무대에 올랐다. 반면에 장 폴 벨몽도 · 알랭 들롱 혹은 필립 누아레는 연극 무대에 오르기 위해서 오랫동안 영화계에서 기다렸다. 반대로 현재는 영화계에서 활약하고 있는 많은 배우들이 처음엔 연극 무대에서 연기를 시작했다. 최근에 코미디 프랑세즈(프랑스의 국립극단)에서 확고하게 자리잡은 샤를 베를랭과 필립 토레통 같은 연극배우들은 매스컴의 집중 조명을 받으며 영화에 출연했다. 어쨌든 연극은 배우들에겐 가장 넓은 일거리 제공자이다.

극심한 부조화

영화와 영상 프로그램 산업은 많은 배우들을 필요로 한다. 그러나 대부분 짧은 기간 동안만 고용되는 배우들이다. 우리는 상당히 잘 팔리는 배우와 거의 불러 주는 데가 없는 대다수의 단역배우들 사이에 심한 부조화를 목격할 수 있다. 영화 · 텔레비전계에서 일하는 배우들의 절반 가량이 연기, 동시 녹음 혹은 더빙 작업을 하는 기간, 즉 총출연 기간은 1년에 8일을 넘지 못하는 게 현실이다!

배우로서 영화계에 들어가는 것은 절대 간단한 일이 아니다. "배우라는 직업은 아주 어렵습니다. 정말로 뭔가 다른 것을 가져야 해요. 아주 필사적으로 열중해야만 해요"라고 《베뉘스 보테》의 마틸드 세녜르는 고백한다. 특히 여배우들에게 영화계는 더욱더 잔인하다. 오랜 경력을 쌓을 수 있는 가능성은 제한되어 있다. 40세부터 몇몇 스타들만 제외하고 캐스팅 제의가 현저히 줄어든다. "여배우는 남성의 성적 판타즘에 종속되어서 로맨틱

하거나 비현실적인 이미지에 대부분 머물러 있지요. 이런 이미지는 일반적으로 20세에서 45세 사이의 여배우에게나 가능합니다. 그 연령의 범주를 넘어서면 사람들은 더 이상 그 여배우를 위해 대본을 쓰지 않아요." 남자 배우라고 해서 영화계에서 오랜 경력을 유지하는 게 결코 쉬운 건 아니다. 지속적인 성공은 신의 선택을 받은 몇몇 괴물급 배우들의 전유물이다. 성공하기 위해서 재능은 분명 중요하다. 하지만 톱스타의 지위를 꾸준히 유지하는 것은 또 다른 차원의 일이다.

■ 교육: 대다수 배우들은 극예술 강좌를 이수한다. 이 분야의 학교는 상당히 많다. 국립극예술전문학교들, 스트라스부르국립극단, 그리고 국립극예술과 기술고등전문학교, 시립극예술전문학교들로부터 사립학교의 강좌들까지 여러분 앞에는 혼란스러울 정도로 많은 교육 기관들이 있다.

배우라는 직업은 어렵고 많은 인내심을 요구합니다. 왜냐하면 배우의 에고 자체는 흔히 푸대접받기 때문이지요. 더구나 여배우에겐 40세 이후부터는 경력을 이어가기가 특히 더 어렵답니다.

4. 배우 주변의 직업들

• 매니저

어떤 배우들에게는 불필요하고 어떤 배우들에게는 꼭 필요한 매니저는 영화계에서 다소 논란을 불러일으키는 직업이다. 프랑스의 인기 배우 10여 명은 매니저의 서비스를 거부하기로 결정했다. 그들 중의 1명인 티에리 레르미트는 《프르미에르》(1996년 3월호)와의 인터뷰에서 그 이유를 설명한다. "나는 내 소득의 10%를 1% 이상의 가치라곤 없는 서비스에 대한 보수로 지불하는 것은 너무 심하다고 믿어요. 그 돈이라면 최고의 변호사를 살 수 있어요. 충분한 이유가 되지요……. 무명 시절의 고비를 넘기고 어느 정도 유명해지면 그때부터는 단 1건의 배역도 매니저 덕분에 얻는 건 없어요. 계약을 맺을 때 불편하지 않냐구요? 천만에요. 그건 언제나 똑같은걸요, 뭘." 하지만 어쨌든 배우들 대다수는 유명한 배우건 무명 배우건 매니저를 갖고 있다. 심지어 감독과 일부 촬영감독들까지도 매니저를 갖기 시작했다.

배우는 성공의 부침을 심하게 겪습니다. 도취의 기간들을 보내고 나면 의혹의 기간들과 대면해야 하지요. 매니저는 그런 배우를 안정시키고 확신을 불러일으켜 주어야 합니다. 배우의 말을 들어주고, 버팀목이 되어 주며, 어머니 같은 자세로 그 곁에 있어야 하지요.

계약금의 10%는 매니저의 몫

매니저는 그가 전담하는 배우의 대리인이다. 계약 협상을 하기 위해서 매니저는 제작자와 배우 사이의 중개인 노릇을 한다. 그는 일반적으로 계약 총액의 10%를 얻는다. (법정 최고치이다.) 매니저는 계약 대리인 역할뿐 아니라 배우의 경력 관리도 담당한다. 물론 배우에게 우선적으로 배역의 선택권이 있다 하더라도 그렇다. 매니저들은 배우에게 섭외가 들어온 프로젝트들을 검토해서 배우의 이미지를 고양시키기 위한 경력 관리 플랜을 짠다. 그래서 매니저는 많은 시나리오들을 읽고, 자신이 관리하는 배우를 염두에 두고서 캐스팅 디렉터들과 제작사들과의 접촉에 애를 쓴다. 그리고 배우의 결정에 조언을 한다. 그러기 위해서 매니저는 영화계의 현황과 경제적 상황, 그리고 영화계의 메커니즘에 정통해야 한다.

인내하며 신뢰감을 주어야 합니다

매니저는 또한 배우의 스케줄을 조정한다. 특히 미디어와의 우호적인 관계 유지를 위해 힘을 쏟는다. 하지만 매니저의 일은 거기서 멈추지 않는다. 그래서 유연성과 인내심은 이 일을 하기 위해 꼭 필요한 자질들이다. 이두 특질이 결여되었기 때문에 장 루이 리비는 매니저 일을 중단하고 제작에 뛰어들었다. 그는 아르메디아 기획사(5백 명 이상의 배우들을 거느린 유럽 최대의 연예 매니지먼트 기획사)의 전 디렉터였다. "처음엔 이 일을 무척 즐겼습니다. 상상을 초월할 정도의 인내심이 필요했지만 말입니다. 그러나 25년이 지나자 난 더 이상 견딜 수 없었답니다. 나의 신경을 짓누르는 그 많은 정신적 스트레스를 더 이상 견딜 수 없게 된 거지요…… 내 인내심은 고갈돼 버렸어요."(《파리 마치》, 1999년 5월 12일) 장 루이 리비는 제작자가 되었다. 제작자는 많은 매니저들이 꿈꾸는 직업이다. 그러나 프랑스 법은 매니저와 제작자를 겸직하는 것을 금하고 있다.

현재 프랑스에서는 매니저와 제작자를 겸직할 수 없지만, 유럽 연합은 법제의 단일화를 지향하므로 이 점을 지켜보고 있다. 벨기에 같은 나라들은 이미 매니저들에게 제작 권리를 부여했기 때문이다.

여 정

카트린 메니알
VMA(Voyez Mon Agent) 에이전시의 매니저

> "매니저는 사무실의 일뿐 아니라 시나리오들을 읽어야
> 하고, 저녁마다 공연과 영화를 보러다녀야 해요."

카트린 메니알은 상드린 키베를랭 · 재랄딘 파이아스 · 발레리아 브뤼니 테데쉬 · 사뮈엘 르 비앙 등 오로지 젊은 배우와 감독들의 관리에 전념한다. 카트린 메니알은 18세에 매니저의 세계에 조수로 입문했다. 영화사에서 일하던 여자 친구의 소개로 카트린은 연예기획사인 시네아르의 매니저가 여자 조수를 찾는다는 것을 알게 되었다. 그래서 그녀는 시네아르의 매니저 밑에서 매니저일의 기초를 배운다. 카트린이 몇 년간의 조수 경력을 쌓아갈 무렵 상사는 그녀에게 당시 텔레필름들을 어마어마하게 많이 제작하던 SFP에서 신인배우들을 면담해 보라고 했다. 그때 카트린 메니알은 자신의 업무가 비전이 없다는 것을 직감적으로 알아차렸다. 왜냐하면 당시 영화 스타들은 텔레비전에서 일하지 않았기 때문이다. 그러던 차에 그녀에게 영화계의 신인들에게 서비스를 제공해야겠다는 생각이 떠올랐다. 그때부터 그녀의 갈 길은 명확해졌다. 카트린은 시네아르에서 6년을 더 머물고

나서 개인 에이전시를 차려서 새로운 도전을 했다. 이 모험은 2년만에 끝나고, 카트린 메니알은 그 유명한 아르메디아 기획사의 동생격이 되는 대형 에이전시 VMA에 들어간다. 카트린은 이제 11년째 VMA 에이전시를 위해서 연극학교와 강좌들을 섭렵해 왔다. 새로운 신인들을 발굴하기 위해서였다.

한편 그녀는 1백여 명의 배우들과 감독들의 경력을 관리한다. "이것은 많은 시간과 개인적 투자가 필요한 일입니다. 사무실의 일뿐 아니라 시나리오들을 읽어야 하고, 저녁마다 공연을 영화를 보러다녀야 해요. 문화예술계의 돌아가는 상황을 파악하기 위해서이지요. 그러나 나는 언제나 새로운 예술가들을 찾고 있습니다. 진귀한 진주를 지나치는 일이 없어야 하거든요. 신정으로 원한다면 멋진 예술가와 일하게 되는 때가 반드시 올 겁니다." 매니저 직업에서 인간적인 측면 또한 매우 중요하다. "나는 아무리 예술적 평가가 높아도 인간적 품성에 문제가 있는 사람과는 함께 일할 수 없을 겁니

다. 같은 공감대의 파장 위에 있다는 것, 그리고 예술적으로 함께 대화가 통한다는 것은 참으로 중요합니다." 카트린 메니얼이 상드린 키베를랭·발레리아 브뤼니 테데쉬·에마 드 콘 그리고 제랄딘 파이아스를 발굴한 사실을 봤을 때 그 판단이 한치도 틀리지 않은 셈이다. 여배우들의 성공은 무엇보다도 매니저와의 긴밀한 협동에서 나온다. "이건 긴 호흡을 요구하는 일입니다. 그 열매를 거두려면 몇 년이 흐를 수도 있어요. 이건 시간에 대한 투자랍니다. 첫 단계는 신인배우들을 캐스팅 디렉터들에게 소개하는 것이지요. 내가 받은 시나리오들을 검토한 후 나는 그들에게 적합할 배역들을 찾아내려고 애씁니다. 무엇보다 중요한 건 배우에게 일을 연결해 주는 겁니다. 언젠가 입장이 뒤바뀌는 순간을 고대하면서지요. 그러니까 거꾸로 제작자들, 감독들, 그리고 영화사의 간부들에게서 나에게 배우를 구해 달라는 요청이 들어오게끔 말입니다.

매니저와 제작자

매니저와 제작자 겸직을 금하는 프랑스 법은 오래 전부터 두 직업간의 불화를 더욱 불러일으키는 원천이었다. 제작자들은 흔히 매니저를 협상에서 성가신 중간 대리인으로 여겼다. 반면 매니저들은 자기 고객인 배우들과 영화사 간의 프로젝트의 협상 과정에서 주도자가 되기를 원한다.

그것은 아르메디아 같은 대형 기획사들에게 두드러졌다. 1970년대말에 이 기획사는 자기 회사가 매니지먼트하는 영화인들이 만든 영화들의 주도권을 잡으면서 법망을 빠져나가려는 시도를 했다는 고소를 당했다. 이 상황은 제라르 드파르디외·클로드 지디 혹은 알랭 코르노 같은 스타급 배우들이 아르메디아 기획사 소속이었기 때문에 일어날 수 있는 일이었다. 사람들은 이 스타들에게 아르메디아에서 나와서 직접 제작사를 차리라고 조언했다. 소송당한 아르메디아 기획사는 자기 고객들의 이익을 '그들의 모든 활동들을' 대변하다 보니 자연스럽게 발생한 상황이지 법망을 피하려는 의도는 절대 없었다고 변명하면서 자기를 방어했다. "그 이후 기획사는 이중 전략을 구사하며 활발히 움직인다. 그것은 제작자들도 개인 자격으로 기획사의 고객이 되라고 설득하기, 그럼으로써 영화 공동 제작의 합법적 가능성을 획득하기의 전략이다."(《프르미에르》, 1996년 3월)

■ 교육: 이 직업은 모두에게 열려 있다. (전과 기록이 없고, 고용국의 수수료 보증만으로 충분하다.) 법적인 지식은 플러스 요인이 될 수 있다. 더욱이 민법 전문가들이 최근 몇 년간 이 직업에 투신했다. 조수 자리가 언제나 열려 있는 것은 아니지만 직접 에이전시에 자기 소개를 해서 연수 기회를 따내는 건 언제나 열려 있다.

• 캐스팅 디렉터

캐스팅 디렉터들은 업무 특성상 주기적으로 매니저와 부딪히지만 매니자가 이들을 탐탁하게 여기지는 않는다. 사실 캐스팅 디렉터들이 직접 배우들을 접촉하면서 매니저를 따돌리는 경우도 왕왕 있다.

아주 최근에 생긴 직업

배우 캐스팅은 오랫동안 감독과 연출부들의 전유물이었다. 오늘날 프랑스에서 캐스팅의 '여사제'로 여겨지는 마르고 카펠리에는 프랑스에서 촬영되는 미국 영화들을 위한 배우들을 찾으면서 이 활동에 뛰어들게 되었다. 《천국의 아이들》의 제작 비서였던 그녀는 《카르멜 수녀들의 대화》(1960)에서 처음으로 캐스팅일을 했다. 도미니크 베느아르는 캐스팅의 '대사'로 불린다. 그는 특히 베아트리스 달 · 와덱 스탄작 · 쥘리엣 비노쉬 · 발레리 카프리스키 · 마루슈카 데트메르 등의 쟁쟁한 배우들을 발굴했다.

1970년대 도미니크 베느아르가 이 직업에 등장하면서 비로소 캐스팅 디렉터는 귀족 작위 수여증을 얻습니다. 1985년 이후 도미니크 베느아르는 아르메디아 기획사 소속의 매니저로 있습니다.

캐스팅 디렉터를 찾습니다

캐스팅 디렉터는 배우들을 찾는 책임을 맡고 프리 프로덕션 때부터 개입하는 사람들 중의 하나이다. 캐스팅 디렉터는 주연급을 비롯한 모든 배역을 전담할 수도 있고, 혹은 단지 조연과 단역의 캐스팅만을 맡을 수도 있다. "따로 정해진 법칙은 없어요. 모든 게 감독의 요구에 달려 있지요. 찾는 배우의 유형에 대해 감독 자신이 뚜렷한 주관이 있건 없건 그건 중요치 않아요. 어떤 캐스팅에

배우 캐스팅　　마리 실비 카이유레
　　　　　　　　　　캐스팅 디렉터

'엄격한 선택'

마리 실비 카이유레는 스크립터와 조감독을 거친 후에 1984년부터 캐스팅일을 했다. "나는 《참을 수 없는 존재의 가벼움》에서 제라르 무레브리에의 조수로 데뷔했어요. 제라르 덕분에 나는 마르고 카펠리에를 만났고, 그녀는 내게 이 일의 노하우를 가르쳐 주었답니다. 난 그녀와 11년을 함께 일했어요. 그후 나의 날개를 달고 스스로 날기 시작했지요. 주연배우 캐스팅을 위해선 마르고 카펠리에를 보좌하곤 했지만 단역배우 캐스팅은 혼자 끝마무리를 했어요. 우린 직접 단역배우 선발 오디션을 하기 위해 오랫동안 회사와 싸웠답니다. 그것은 한 작품의 캐스팅 작업에서 연기자들간의 조화로운 통일성 창출을 위해 반드시 필요한 일이거든요!

서는 일정한 나이의 일정한 유형의 육체적 특징을 지닌 무명들만을 골라야 할 때도 생기지요." 어떤 감독들은 유명배우들을 원치 않는 경우도 있어요. 《증오》의 감독 마티외 카소비츠는 소위 '야만적인' 캐스팅을 했다. 고등학교에 뿌린 광고 포스터, 라디오 광고, 길거리 캐스팅 등을 통해서 배역들을 선발한 것이다. 카소비츠는 그렇게 3개월간 찾아다니고 오디션해서 《증오》의 배역들을 모았고, 적절히 역할을 분배했다.

첫번째 자질은 직관

캐스팅 디렉터직은 국립영화청에서 인정받지 못하는 직업이기 때문에 제작사는 캐스팅 디렉터를 제작실장이나 제1조감독으로 신고한다.

캐스팅 디렉터에겐 세밀한 관찰력과 직관의 자질이 요구된다. 그것은 어떤 배우들이 어떤 역할에 적합한지를 상상해서 감독과 제작자들의 요구에 부응하기 위해 필요한 자질이다.

또한 그는 배우의 이력에 대한 완벽한 정보와 충분한 영화적 교양을 갖추어야 한다. 그가 지니고 있는 노트에는 각 배우의 필모그래피가 사진과 함께 정리되어 있다. 이 방대한 업무에는 조수의 도움이 필요하다. 조수는 이런 조사 작업을 보좌한다.

■ 교육: 이 직업을 위한 교육은 따로 없다. 흔히 캐스팅 디렉터는 영화에서 다른 직책을 수행하다가 우연히 이 직업을 갖게 된다. 비서·조수·배우·조감독·스크립터 등……. 그러나 모두들 제7예술의 지형도를 잘 아는 사람들이다!

• 의상디자이너

의상디자이너는 배우들, 옷 입히는 여자(일종의 코디네이터), 분장사, 헤어디자이너와 긴밀한 관계 속에 있다. 그들은 함께 인물의 창조를 위해 일한다. 그러나 의상 담당은 국립영화청이 인정하는 직업이 아니다. 연극 의상 담당에서 파생된 영화 의상 담당은 카메라 렌즈와 정면 대결해야 한다. 의상은 가까이에서 보여지게 되므로 재단이 완벽해야 한다. 의상은 또한 스크린에서 직물들의 느낌을 변화시키는 필름과 촬영 테크닉을 늘 염두에 두어야 한다. 따라서 천은 인물이 처하는 신의 상황의 필요에 따라 그때그때 변형된다. 더러운 때, 낡은 천, 고색창연한 색, 구겨짐, 찢어진 천……. 하지만 단역들의 의상은 카메라 시야에 덜 들어오기 때문에 주의력이 덜 가는 대상이다.

의상디자이너의 일은 시나리오를 읽는 데서부터 시작됩니다. 그리고서 감독을 만나고, 감독은 그에게 영화의 인물들과 분위기를 묘사하지요.

의상 구입 작전

영화 의상은 제작 예산에 따라서 새로 만들어지거나 아니면 임대된다. 의상을 맞추는 경우는 역사극에 가장 흔하다. 현대 영화에서는 흔히 의상을 빌려 온다. 이본 사시노 드 넬 같은 의상디자이너들은 "현대 영화라도 의상 작업을 주의 깊게 해야만 한다. 왜냐하면 곧 얼마 안 가 이것은 역사극이 될 것이니까……. 극중인물을 만들기 위해서 손쉽게 유명 디자이너의 의상 협찬에만 의존하는 건 바람직하지 않다."(《영화와 그 직업들》, 미셸 시옹, 보르다스사, 1990)

역사극의 의상 창작은 우선 고증을 전제로 한 도상학

의상디자이너는 배우들의 의상이 감독의 요구에 부합하는지를 점검하기 위해 있습니다. 그는 무대 장치와 마찬가지로 의상들이 이미지상으로 감독의 의도대로 조화를 이루는지 점검하지요.

에서부터 출발한다. 감독이 의상의 완벽한 재현을 요구하면 그 시대의 의상 모드에 대해 정보를 수집해야 한다. 이때 그 시대의 회화들이 의상 창조에 참조물로 흔히 사용된다. 그 회화들은 조명을 창조하는 촬영감독들에게도 기준점 역할을 하기도 한다.

임시 의상 제작실 설치

이미지가 결정되고, 필요한 의상수가 정해지면 의상 제작이 시작된다. 우선 의상 담당은 제작이 필요한 의상인 경우 디자인들을 스케치한다. 그리고 여타 의상들은 임대 의상들로 갖춘다. 그리고 나서 옷감을 선택하기 위한 질료의 연구가 뒤따른다. 이 모든 것은 감독의 요구에 따라 진행된다. 그리고서 제작을 시작한다. 제작을 위한 디자이너의 선택에는 두 가지가 있다. 전문 의상실에 의뢰를 하는 경우와 통상 '나는(飛)' 아틀리에로 불리는 자체 임시 의상 제작실을 가동하는 경우이다. 두번째의 경우 그는 연예계의 임시직 고용자들과 멤버를 짠다. 이 경우 일반적으로 의상팀장은 의상 제작, 제작실 운영, 그리고 1명 혹은 여러 명의 옷 입히는 여자(일종의 코디네이터)들과 함께 극중인물의 의상 이미지를 실현시키는 의상 담당을 감독한다. 옷 입히는 여자는 촬영장에서 배우들에게 의상을 입히는 일을 한다.

■ 교육: 국립극예술과 기술고등전문학교는 연예계 의상 창작 분야의 왕도이다. 재단, 스타일 도안에서 통달하면 그건 이 분야에서의 성공의 으뜸패로 의상 제작 아틀리에들의 문은 쉽게 열린다.

베로니크 포르드부아
의상디자이너

"의상에 문제가 생길 경우, 배우나 감독을 근심시키지
않도록 민첩하게 대처할 줄 알아야 합니다."

베로니크 포르트부아는 3년간의 의
상학교를 마친 후에 연예계 의상 창작
의 전문가가 되기로 결정했다. 그녀는
국립극예술과 기술고등전문학교
(ENSATT)에 입학해서 기본적으로 의
상 역사, 재단과 직물에 대한 안목에
기초한 교육 과정을 밟았다. 오늘날 베
로니크는 페티코트, 코르셋, 허리 뒤
의 받침, 코르셋 받침살 등의 옛 의상
들의 기본들을 자유자재로 만들어 낸
다. 곧장 그녀는 플랑숑 감독의 《로트
렉》에서 일하시던 교수님의 추천으로
첫 연수를 따냈다. "난 그 시절의 멋진
추억을 아직도 간직하고 있어요. 그때
의상팀은 정말 환상적이었습니다. 난
곧장 그들과 하나가 되었고, 사람들은
내게 일을 맡겼어요. 연수생들은 단역
의 옷 입히기 일을 주로 맡는 편이에
요. 수많은 배우들간에 일어날 수 있
는 마찰을 피하기 위해서 분업을 하는
거지요. 관리해야 할 의상들이 아주 많
기 때문에 의상팀은 둘로 분리되었어
요. 한 팀은 촬영 현장에서 옷 입히기
를 했고, 다른 한 팀은 뒤에서 사전 준

비 작업을 하는 거였지요. 의상에 문제
가 생길 경우(얼룩, 찢어진다든가……),
배우나 감독이 짜증을 내지 않도록 재
빨리 대처할 줄 알아야 해요. 우리는
온갖 종류의 얼룩 지우개들과 신속히
수선할 수 있는 도구들을 언제나 갖고
다녀요.
《로트렉》 의상 작업 이후 의상팀장
은 내게 《아스테릭스》의 의상 제작을
위해 '나는(飛)' 아틀리에에서 일하자
고 제안했어요. 난 질료 작업에서 아
주 많은 것을 배울 수 있었답니다. 감
독과 의상팀장은 《아스테릭스》 만화를
베끼고 싶어하지 않았어요. 아주 '뛰
는' 의상들을 만들면서도 의상에 현실
감을 부여하길 원했어요. 직물들은 그
자리에서 염색되고, 고색으로 뽑아냈
어요. 그리고서 방에서 너덜너덜한 옷
감의 느낌을 뽑아내기 위해서 바느질
하고 꿰매는 작업을 했지요. 아주 거
친 옷감들을 재료로 사용했더랬어요."
베로니크 포르트부아는 로만 폴란스
키 감독의 《제9의 문》 같은 현대 영화
들에서도 작업했다. 그리고 ENSATT

의 학생들이 올린 연극 작품들에서도 일했다. 그녀는 또 시간을 내어서 언니의 웨딩드레스를 만들어 주었다……." 나의 다음 목표는 의상팀장의 조수 자리를 얻는 것이에요. 그것은 쉽지 않답니다. 그런 자리들은 아주 귀하거든요. 뭐니뭐니해도 의상팀장과 잘 화합할 줄 알아야 한답니다."

• 옷 입히는 여자(일종의 의상코디네이터)

대다수가 여성이고 영화의 직업들 전체 중에서 가장 급료가 낮은 이 자리는 일반적으로 의상팀장, 의상디자이너가 되기 전에 거쳐야 할 한 단계이다. 그러나 개중에는 내내 의상을 입혀 주기만 하는 직책에 남아 있기도 하다. 조금씩 이 직업인들은 특정한 한 배우의 전속으로 일하기에 이른다. 옷 입히는 여자의 역할은 특히 촬영 현장에서 이루어진다. 그녀는 배우가 의상을 잘 착용하는 걸 도와 주고, 때에 따라 간단한 수선 작업도 병행한다. 이 여자들 각각은 촬영 기간 내내 특정 배우들에게 배당되는 경우도 흔하다. 옷 입히는 여자는 의상의 간수에 책임을 지고, 연기자들의 의상 연결에 각별히 신경을 기울여야 한다. 왜냐하면 영화의 신들은 시간 순서에 따라 촬영되지 않기 때문이다. 어떤 의상들은 불규칙한 날짜 간격으로 여러 번 사용되기도 한다. 옷 입히는 여자는 따라서 앞의 신과 다음 신들에서 의상들의 연결과 통일성에 유념해야 한다. 의상이 튀면 안 되기 때문이다.

■ 교육: 어떤 자격증도 요구되지 않는다. 의상의 재단 실력을 갖추어야 한다. 의상팀장 혹은 의상디자이너가 되기 원하는 사람들에게 국립극예술과 기술고등전문학교는 높은 평가를 받고 있는 강의 프로그램들을 제공하

고 있다.

• 분장사

분장사는 배우의 이미지 표출에 중요한 역할을 한다. 어떤 경우든지 배우는 분장하지 않고서 촬영할 수 없다. 자연적인 외관조차 분장을 요구한다. 사용되는 필름의 유탁액, 조명에 따라서 피부색을 강하게 혹은 약하게 해야 하고 어떤 색채들은 피해야 한다. "어떤 분장사들은 코닥 천연색 필름에는 베이지 색조의 기조를 사용하기를 권합니다. 아울러 루주와 볼터치 사용에 신중해야 한다고 조언합니다. 코닥 필름 유액은 붉은 색조를 튀게 만들기 때문이지요."(《영화와 그 직업들》, 미셸 시옹, 보르다스 사, 1990)

인물 특수 분장
시간과 재정이 허락되면, 분장 효과를 테스트하기 위해 카메라 테스트를 한다. 분장은 어떤 경우에 배우의 이미지를 놀랄 만큼 변화시키기도 한다. 훨씬 늙게 아니면 젊게 만들거나, 추하게 하거나, 상처를 거짓으로 꾸미기도 하고, 진짜 가면을 만들기도 한다. 우리 모두는 《미녀

▓ 분장사의 직업 신분증 ▓

국립영화청이 수여하는 '분장사' 직업 신분증을 획득하려면 적어도 6 편의 프랑스 장편 영화에서 분장 조수로 참여한 경력이 있어야 한다.

와 야수)에서 장 마레의 역이었던 인간 고양이의 얼굴을 기억하고 있다. 조수는 힘든 분장이 필요한 촬영 신들에서 분장사를 보좌한다. 그럴 때에 조수는 신과 신 사이에 배우의 분장을 고치는 일을 전담한다. 분장 과정은 여러 시간 지속될 수도 있다. 그 순간이 배우에게는 두려움과 긴장감에 휩싸이는 시간이고 회의가 솟는 시간이다. 분

중요 단계　아누슈카
　　　　　　 18년 경력의 분장사

'20%의 테크닉과 80%의 심리 작전'

"이 분야에서 아는 사람 하나 없이 데뷔하기는 힘들어요. 제작사들은 분장 연수생을 받지 않습니다. 나는 많은 단편 영화 현장에서 무료로 일했어요. 그 일은 내게 많은 영화인들과 만날 기회를 주었고, 이어서 장편 영화 현장으로 이끌어 주었지요. 난 오로지 분장사로서 성공하기 위해서 5년을 투자했어요. 예전에 나는 부업으로 이것저것 잡일을 하지 않을 수 없었답니다. 이건 보기보다는 능숙한 대인 관계 능력을 요구하는 직업이에요. 테크닉은 20%면 되고, 사실 80%의 심리적 자질이 필요하지요.

분장은 아직까지 영화인으로서의 인식이 낮은 분야입니다. 세자르 영화상에서 분장 분야가 없다는 것이지요.

배우들만이 분장의 진정한 중요성을 인정한답니다. 왜냐하면 그들은 자기 이미지가 분장에 달려 있다는 걸 누구보다 더 잘 인식하고 있거든요. 분장 일이란 고도의 심리적인 업무입니다. 어떤 여배우들은 자기 전속 분장사가 없이는 촬영에 응하지 않을 정도랍니다. 제작 인건비 문제 때문에 점점 제작사들은 분장사에게 헤어디자인까지 맡으라고 요구합니다. 하지만 난 원칙적으로 거절해요. 헤어 스타일을 유지해 주는 정도라면 모를까 헤어디자인을 만들어 주는 일은 안해요. 그렇지만 데뷔하는 신참 분장사들의 경우라면 분장과 헤어디자인의 두 분야를 통달하는 게 성공의 패를 갖추는 일이 될 수 있을 겁니다."

장사는 그럴 때 마음을 위안받을 수 있는 상대가 된다. 분장사는 배우의 말을 들어 주고 안심시켜야 한다. 그리고 이따금은 배우의 대사 암기의 상대역이 되어 주기도 한다. 들어 주는 능력, 안심시키고 편안하게 만들어 주는 너그러운 능력이 있어야 하고, 심리 파악과 유머 감각도 갖추고 있어야 한다.

■ 교육 : 미용사 자격증(CAP) 학원과 사립미용학교들이 있다. 크리스티앙 샤보 미용학교는 '공연과 패션 분장' 교육 과정을 개설하고 있다. 이런 과정은 조명이 분장에 야기하는 효과와 문제점을 배우게 해준다.

분장사는 배우와 가장 가깝게 일하다 보니 배우의 친한 친구가 됩니다. 그런 이유 때문에 어떤 배우들은 언제나 같은 분장사를 선택하지요.

• 헤어디자이너

배우들은 분장사처럼 전속 헤어디자이너를 가질 수 있다. 헤어디자이너는 배우의 자연스런 머리를 매만지는 일만 하는 게 아니다. 헤어디자이너는 가발, 가짜 수염 등을 제작부에 요구할 수 있어야 하고, 인물의 새로운 창조를 감독에게 제안할 수 있다. 헤어디자이너는 의상 담당처럼 장면의 연결을 위해서 많은 주의를 기울여야 한다. 배우가 땀을 흘리고 머리가 헝클어지는 장면에서는 진짜 변장술의 재치가 요구된다.

■ 교육: 영화 미용을 위해서는 특별한 교육 과정이 없다. 전통적인 미용학교로 충분하다.

• 기술 자문역

시나리오의 필요에 따라서 제작사는 특별한 직업인들을 요청할 수 있다. 그래서 뮤지컬이나 액션 영화들 같은 장르 영화들은 안무가, 무술감독, 무기 전문가, 혹은 스턴트맨의 도움을 받는다. 이 직업들은 엄밀하게 말하면 영화의 직업들은 아니다. 그들의 특별한 노하우를 영화를 위해서 사용하는 것뿐이다. 여기 몇 가지 예가 있다.

안무가는 뮤지컬의 춤 장면들 혹은 춤이 중요한 영화 장면의 연출을 책임진다.

동물 사육자는 일반적으로 말·원숭이·개·고양이과 짐승들 같은 몇 종의 동물 조련 전문가이다. 그는 연출가가 배우를 지도하듯이 개와 말들을 지도한다. 마리오 루라쉬는 3백42편도 넘는 영화에서 명성을 쌓았다. 그는 마술 스턴트의 확실한 톱이자 유명한 말 조련사이다. 많은 영화에서 그는 자신의 기술적 역량을 발휘했고, 특히 말 연기의 장면 연출에서 주목받았다. "영화에 출현하는 말들 중에도 배우가 타는 말들과 스턴트용의 말들이 있다. 배우 말들은 반드시 스턴트 장면들을 실행하지는 않는다. 그리고 오히려 배우들을 안심시키고 편안하게 해주어야 한다. 왜냐하면 사실 대부분의 배우들은 훈련받은 노련한 기수들이 아니기 때문이다."(《위마니테》, 2000년 1월 29일)

스턴트맨은 위험한 장면들을 구성 연출하고, 촬영 때에 배우의 대역을 맡는다. 스턴트맨들 중에서 가장 유명한 레미 쥘리앵은 수도 없이 많은 영화들에 출연한 기록을 보유하고 있다. 제임스 본드 시리즈에는 6편이나 출연했다. "모든 스턴트들은 본질적으로 위험한 것이고 필연적으로 위험을 내포합니다. 촬영 전에 나의 팀원들은 정확하게 도약의 각도, 대기 마찰 계수, 혹은 출발 신호를 터뜨리기 전에 자동차의 표면 등을 검사하지요. 거기에 돌발 사고의 위험을 최대한 제한시킬 수 있는 시범을 여러 차례 해야 합니다. 물론 이 모든 것은 다 비용이 드는 일이어서 이따금 제작사는 내 의견을 따르려 하지 않습니다. 어쨌든 최종적으로 스턴트가 실현 가능한지 아닌지를 판단하는 건 납니다."

연습사는 배우의 연기 연습과 대사 외우기를 도와 준다. 이 직업은 할리우드 스튜디오들의 황금기에 크게 주목받았었다. 그레타 가르보 · 마릴린 먼로 같은 대스타들은 그들 전속 연습사를 가졌다. 오늘날 자기 모국어와는 다른 언어로 촬영해야 하는 배우들 혹은 특별한 악센트로 연기해야 하는 배우들, 또는 배우들이 어린이일 경우에 영화사는 배우들을 위해 어린이 코치로서 연습사를 고용한다.

무술감독은 보통 하나의 무술, 혹은 여러 무술의 고단자이다. 그는 싸움 장면을 최대 한도로 현실감 있게 만드는 일을 하면서 배우들이 위험에 노출되지 않도록 현장 지도를 한다. 그는 특히 추락신에서 배우들이 예정된 착지점에 정확하게 떨어지도록 동선을 잡아 주어야 한다. 망토를 날리며 검을 휘두르는 역사극 영화들과 무술 영화들은 이런 전문가들의 절대적 도움이 있어야 한다.

무기 담당은 촬영에 필요한 온갖 무기들을 다루는 일과 폭파를 담당한다. 무기 담당자는 감독과 함께 시나리오와 인물에 적합한 무기 유형을 선택한다. 그리고서 배

폭파와 안전

로랑 로지에
무기 담당

> "나는 촬영장의 세부 사항들, 배우들간의 동선,
> 폭파할 물건들의 재질을 잘 알아야 해요."

로랑 로지에는 군복무 기간중에 무기고 책임자로 근무했다. 그는 군대에서 별의별 무기들에 대해 알게 되었고, 다루는 방법도 배웠다. 제대하고 나서 그는 이것저것 닥치는 대로 일하고 있었다. 어느 날 한 영화감독 친구가 자기 영화에 필요한 무기를 구해달라고 요청했다. "나는 그후 바늘에 실 가듯이 연이어서 영화계의 사람들을 만나게 되었지요. 그리곤 무기 대여 회사를 차리기로 결정했어요. 난 많은 단편 영화들과 장편 영화 한 작품을 했어요. 내 일은 감독의 요청에 달려 있습니다. 배우들이 그저 손에 무기를 쥐는 것만을 필요로 한다면 내 일은 단지 회사에 무기를 대여하는 것으로 끝납니다. 하지만 사격을 하거나 폭파 장면이 있다면 얘기가 달라지지요. 난 촬영에 개입합니다. 뭣보다 우선 점검해야 되는 게 안전이에요. 그래서 내가 촬영의 세부 사항들을 파악하는 게 중요해요. 배우들에게 충격이 가해지는 거리가 어느 정도인지, 폭파물의 재질이 어떤 것인지 등을요. 그리고 감독이 어떤 효과를 원하는지요. 그래서 촬영장에 사고가 날 위험 없이 필요한 폭약 설치를 해놓아야 합니다. 앞서 촬영장의 안전 점검과 최대 한도로 위험을 줄이기 위해서 시험도 해봐야 합니다." 로랑 로지에는 3년 전부터 무술감독과 특수 효과 기술자를 병행하고 있다. 현재 그는 미국에 가서 일하기를 꿈꾸고 있다. 왜냐하면 프랑스에서는 무술감독의 직업이 인정받기 힘들기 때문이다.

우에게 사용법을 숙지시킨다. 그는 뭣보다 배우들과 촬영 스태프진의 안전에 유의하면서 폭발신들을 관리한다. 총탄의 충격 역시 대부분 그의 관할이다. 그는 장면들을 여러 번 찍어야 하는 일을 피하기 위해 여러 다른 질료로

폭발물 시범을 연출해서 폭발의 반응을 예측해서 정확하
게 촬영 신들을 점검해야 한다. 무엇보다도 운 나쁘게 촬
영 사고를 당하는 일이 없어야 한다.

5. 세트디자인

• 미술감독

1940년대와 1950년대에는 영화의 세트디자인이 총제 작비의 4분의 1, 아니 3분의 1까지 차지했다. 이후 리얼 리즘 철학과 자연스러운 배경에서의 촬영을 역설하는 누 벨 바그 영화 시대가 도래하면서 세트디자인의 비용은 절 감되었다. 현재 공상과학 영화를 제외하고는 무대 미술 의 영역은 그 어느 때보다 최소화되었다. 페데리코 펠리 니만이 언제나 무대의 중요성을 주장했고, 다행스럽게도 오픈 세트 무대 배경의 전통을 대단히 성공적으로 유지 했다.

▣ 미술감독 조수의 자격증 ▣

'미술감독 제1조수'의 직업 신분증 을 얻기 위해서는 다음의 두 조건 중 하나를 채워야 한다.

— 5편의 장편에서 제2미술감독 조 수의 자격으로 참여.

— 페미스에서 '세트디자인' 분야 과정 이수증 소지자이면서 2편의 장

편에 제2 미술감독 조수의 자격으로 참여.

'미술감독'의 자격증을 얻기 위해 서는 제1미술감독 조수 자격증 소지 자로 5편의 프랑스 장편 영화에 참가 한 경력이 있어야 한다.

실제로 있는 건물 등을 건축하기 위해서 제작비를 지출하는 것에 난색을 표명하는 제작자들 때문에 요즘 세트 디자인은 다소 애물단지 취급을 받는 편이다. (제작자들은 레오스 카락스의 《퐁네프의 연인들》에서 퐁네프 다리 제작에 어마어마한 제작비가 들어간 것을 잊지 않고 있다.) 따라서 미술감독 작업의 첫 단계는 시나리오에 기초해 가능한 가장 정확하게 예산을 세우고 제작자와 함께 예산을 협상하는 것이다.

철저한 정보 조사

세트디자인은 두 가지 유형이 있다. 자연을 배경으로 쓰는 야외 세트디자인과 스튜디오 내에 건축한 오픈 세트 디자인이 그것이다. 자연을 배경으로 한다고 해도 장면에 필요한 소품들은 미술감독이 결정한다. 가건축물을 만들거나, 바람직하지 않은 요소들을 숨기거나, 보조 나무들을 더 심을 수도 있다. 모든 것이 영화 작품이 원하는 이미지를 만들기 위해서 필요한 조치들이다. 미술감독은 역사극 영화를 위해서는 역사 지식이 풍부해야 하는 것 외에도 건축·예술, 또 장식 예술의 안목을 갖추어야 한다. 필요에 따라 각 분야 전문가들에게 자문을 구하거나 혹은 문화재 학예연구원의 도움을 청하기도 한다. 이들은 영화에 필요한 전문적인 정보를 제공해 줄 수 있기 때문이다.

> 미술감독은 스튜디오 세트디자인의 경우에는 설계도와 모형을 만듭니다. 자기 아이디어를 구체화하고 이어서 감독과 그리고 세트를 제작해야 할 건축 담당과 원활히 소통하기 위해서이지요.

상황 적응력

촬영을 위해 임대한 아파트와 실내 촬영을 위해서는 작품의 시대 배경에 따라서, 또한 거주하는 인물들의 스타일에 따라서 소품 배치와 가구 정비를 다시 조율해야

손재주가 끝내 줘요

피에로 가이야르
20년 이상 경력의 소품 담당

"난 촬영장에서 느긋해지는 데 10년이 걸렸어요.
이 직업은 오로지 혼자 아이디어를 짜내야 해요.
따라서 더욱더 남보다 독창적이어야 합니다."

피에로 가이야르는 트럭 운전사, 교사, 세공사 경력을 거쳐서 영화계에 입문했다. 손재주가 뛰어난 그는 영화의 무대 소품 담당인 누이를 돕기로 한 것이다. 그 결정이 그가 소품 전문가가 되는 데 결정적인 기회가 됐다. 이어 그는 여러 촬영장에 무대장치가로 연결된다. 그후 제라르 모르디야 감독 작품의 소품 파트에서 첫발을 디디게 된다. "처음엔 누구나 반사신경이 예민하지 못하지요. 그때 그때 순발력 있게 신속히 대응할 줄 모른답니다. 실제로 나도 이 직업을 이해하는 데 5년이 걸렸고, 완전히 적응하는 데 무려 10년이 걸렸어요. 나는 무대장치가로 일하는 동안 실내 소품 담당들을 눈여겨볼 수 있었지요. 사실 이 직업은 무대장치가보다 더 힘든 면이 있습니다. 오로지 혼자 판단해야 하고, 따라서 더 창조적이어야 하기 때문입니다.

소품 담당 전문가로서의 결정적인 출발은 클로드 샤브롤 감독의 《풀레 오비네그르〔식초에 절인 닭요리〕》부터였어요. 그 작품의 여제작자는 평소날 알고 있었어요. 내가 여러 영화에서 소품일들을 꽤 잘 해냈다는 걸 말입니다. 그래서 날 부른 것입니다.

클로드 샤브롤 감독은 아주 이해심이 깊었고, 내게 많은 것을 가르쳐 준분이지요. 난 샤브롤과 그의 영화를 17편이나 함께 했답니다. 난 지금도새로운 비법들을 계속 연구합니다. 가령 그것은 유리창에 수증기가 끼는 것을 막기 위해 유리창에 마르세유 비누를 바르는 것 같은 비책들을요."

한다. 부르주아 가정의 신혼부부, 고위 간부직, 연예계의 스타 등은 똑같은 환경 속에서 살지 않으니까!

세트를 제작하는 건축 담당은 그때그때의 필요에 맞춰

자기 스태프를 구성한다. 이들의 인적 구성은 미장이, 페인트공, 석고 주물 전문가, 송진 주물 전문가, 배관공 등 등이 될 수 있다. 이들은 모두 자기 분야의 전문가들이지만 영화의 세트 건축을 위해 임시 스태프로 모이는 것이다. 세트디자인은 감독과 촬영감독과의 긴밀한 협조로 이루어진다. 미술감독은 사실상 카메라와 조명의 메커니즘을 고려해야 한다. 루이 말의 《굿바이 칠드런》에서 세자르 미술감독상을 수상한 빌리 홀트에 의하면 배우조차 세트디자인에 주요한 고려 대상이 된다. "세트디자인을 하기 위해서 나는 그 안에서 살고 잠자야 되는 사람들이 누군지 직접 알기를 원해요. 시나리오상의 가공의 인물들을 넘어서서 그 배역을 맡은 배우들에 대해 알고 싶어합니다. 사실 세트는 그 안에 사는 사람이 배우 미셸 피콜리인지 제라르 드파르디외인지에 따라서 분위기가 달라지게 마련이거든요."(《영화와 그 직업들》, 미셸 시옹, 보르다스사, 1990)

실내장식 담당의 꼼꼼한 솜씨

미술감독은 1,2명의 조수를 둘 수 있다. 그외에도 실내장식 담당을 둘 수 있다. 실내장식 담당은 실내 가구와 소품들을 조화롭게 꼼꼼히 배열하는 인테리어디자인을 주로 담당한다. 이 일은 서로 다른 시대의 실내 가구들이 뒤섞이지 않게 주의해야 하는 역사극 영화에서는 특히 중요하다. 그러나 제작 예산이 세트디자인 분야에 2명을 고용하기에 부족하다면 이 일을 미술감독이 모두 떠맡기도 한다.

■ 교육: 미술감독의 직업은 아직도 교육을 통해 육성된다. 몇몇 미술감독들은 교육보다는 몸으로 부딪쳐 수

고하며 배우는 편이 더 낫다고 생각하지만 말이다. 불행하게도 프랑스에서는 스튜디오 촬영이 빈번하지는 않다. 그러나 광고 분야는 미술감독에게 더 많은 취업로를 제공한다. 일반적으로 미술감독은 건축학교 · 미술학교 · 장식미술학교 등에서 예술 교육을 받은 인력이다. 앙사트 (Ensatt)와 페미스는 연극과 영화의 무대 미술 교육을 위한 전문 과정을 개설하고 있다.

• 소품 담당

세트디자인팀의 중요한 또 다른 직업인은 소품 담당자이다. 소품 담당은 배우에게 설정된 소품들이든 세트에 그저 놓이기만 하는 물건이든 불문하고 촬영에 필요한 온갖 자잘한 소품들을 확보하는 책임을 맡는다. 사실 영화 속에는 테이블 위의 담배에서부터 부엌의 식기들에 이르기까지 한도 끝도 없는 소품들이 동원된다. 따라서 소품 담당은 아침 식사용 토스트, 혹은 여행용 가방 안에 내용물들 등 별의별 것을 하나하나 각 장면 촬영 때마다 꼼꼼히 준비해야 한다.

영리한 고물장수

크리스티앙 포르탈은 자기 기자재를 갖추고서 작업한다. 그는 자신이 끝없는 사물의 탐구 속에 빠져 살고 있다고 자부심 있게 소개한다. "플렝 근처에 있는 크리스티앙의 집은 미니 벼룩시장과 다름없답니다. 그가 수집한 물건들은 라벨이 붙여져 1천 평방미터의 헛간 안에 정리됩니다. 80평방미터의 작업실에서 그는 사용이 불가능해 보이는 물건들에도 생명을 다시 불어넣는 일에

일반적으로 촬영장에서 미술감독과 건축 담당이 하는 일은 어제의 세트를 분해하거나 내일의 세트를 만드는 것입니다. 따라서 물건이 깨어지거나 문이 삐걱거리는 등, 촬영 시에 예기치 못하게 발생하는 작은 일들에 재빨리 대처하기 위해서는 능숙한 부품 조립자이면서 곤경을 잘 벗어나는 영리한 순발력이 있어야 해요.

푹 빠져 있어요."(《누보 시네마》, 2000년 1월) 장 자크 아노의 《연인》을 위해서 그는 3개월간 베트남을 헤매고 다녔다. 그리고 영화 속 순회 장터를 재현하기 위해 필요한 모든 물건들을 구하느라고 호치민 시의 장터를 모두 휩쓸었다.

만능 해결사, 맥가이버

촬영장에서 소품 담당은 세트디자인팀의 대표자이다. 일반적으로 촬영장에서 미술감독과 건축 담당이 하는 일은 어제의 세트를 분해하거나 내일의 세트를 만드는 것이다. 따라서 물건이 깨어지거나 문이 삐걱거리는 등, 촬영시에 예기치 못하게 발생하는 작은 일들에 제대로 대처하기 위해서는 능숙한 부품 조립자이면서 곤경을 잘 벗어나는 영리한 순발력이 있어야 한다. "유능한 소품 담당자는 촬영 현장에서 거의 이름이 불리지 않아야 합니다. 그래야 그가 이 장면을 찍기 전에 사전 준비를 완벽하게 해놓았다는 것을 과시하는 것이거든요"라고 피에로 가이야르는 말한다. 여러 번에 걸쳐 다시 찍게 마련인 접시 깨는 장면들 등에서는 미리 예상하고 물품을 충분히 준비해 놓아야 한다.

테이블 신 혹은 술집 신에서는 소품 담당은 접시와 유리컵들에 담길 내용물까지도 준비한다. 또 상처, 작은 화재, 공 튀기, 연기, 수증기 등의 작은 특수 효과들을 쓰는 장면들을 위해서도 물론 대비해야 한다. 배우가 연기하는 데에 동원되는 서류 · 기차표 · 신분증 · 운전면허증 · 여행 카드 등 또한 소품 담당의 관할 품목이다. 따라서 소품 담당이야말로 촬영장에서 모든 것을 할 수 있는 맥가이버 같은 능력 있는 남자라고 할 수 있다. 그의 일은 어느것 하나도 소홀히 할 것이 없다. 소품 담당은 촬영 스태프 중에서 상당히 중요한 직책이다. 클로드 밀러 같은 몇몇 극소수의 감독들은 스태프 중에서 소품 담당을 따로 두지 않는 것을 더 선호하기는 하지만 말이다.

■ 교육: 이것은 뭣보다도 현장에서 배워지는 현장 직업이다. 오로지 손재주와 날쌘 순발력만이 중요하다. 이상적인 코스는 세트디자인의 연수를 하고서 현장 감각을 익히기 위해 당장 소품 담당자가 되는 것이다.

6. 급식 담당

영화 촬영이 자연적인 무대 세트를 선호하면서 실내 스튜디오 촬영을 포기한 이후부터 식사 담당으로 이동 식당 운영자의 비중이 높아졌다. 모든 촬영 스태프를 먹이는 일은 영화사의 책임이다. 프랑스에는 영화 전용 이동 식당 영업자들이 50여 명 있다. 그들은 냉장 음식과 요리 운반용 트럭을 갖추고, 필요한 경우에는 식당차도 갖춘 이동 식당 영업자는 배우와 스태프진을 위한 식사를 준비한다. 이따금 배우와 스태프들이 함께 식사하지 않는 팀이거나, 혹은 스태프들에 대한 서비스가 필요한 경우 매끼 두 번씩 음식 서비스를 해야 한다.

이동 식당 영업자는 요리와 서빙을 할 줄 알아야 하는 것은 물론 15톤이나 되는 음식을 손으로 다루고 촬영 현장의 흐름에 적응할 줄 알아야 한다. 그는 자신의 음식 취향과 욕구에 따라서 매일 아침 장을 보고 주방으로 향할 수도 있고, 혹은 냉동 식품들로 방향을 급선회할 수도 있다.

더운 지방의 촬영이나 혹은 외진 곳의 촬영에서는 당연히 냉동 식품들이 요구된다. 그러나 뭐니뭐니해도 식사의 질이 중요하다. 영화인들은 촬영장에서의 식사의 질에 관해서 상당히 까다롭다. 따라서 몇몇 이동 식당 운영자들은 언제나 같은 감독들과 긴밀히 연대한다. 감독들은 흔히 특정 식당 주인들에게 충실한 팬이다. 클로드 샤브롤 같은 감독은 촬영장의 식사의 질에 매우 까다롭기

> 영화인들은 촬영장에서의 식사의 질에 관해서 상당히 까다로워요. 따라서 몇몇 간이 식당 운영자들은 언제나 같은 감독들과 특별히 촬떡궁합으로 긴밀히 연대하지요.

파트릭 휘그라
1987년 이후 영화 전용 식당 운영자

"난 단지 늙은 영화계 매니저를 알았고,
바베큐 요리를 잘했을 뿐입니다."

페리게 지역의 옛 식당 운영자인 파트릭 휘그라는 오늘날 식당업에서 가장 유명한 단체들 중에 하나인 '베아른의 음식점 주인들'의 리더이다. 그는 대형 촬영을 위한 10여 명의 요리사와 몇몇 조수들을 데리고 있는 그의 이력에는 어느덧 75편의 영화 목록이 기록되어 있다.

"1987년이었어요. 장 피에르 드니가 내게 《명예의 전장터》의 촬영 현장에서 전선의 분위기에 걸맞게 형편없는 요리를 좀 해달라고 요청하더군요. 나는 응낙했고, 모든 게 순식간에 이루어졌어요. 신속하게 장비를 갖추어야 했어요. 사실 투자액(5백만 프랑)은 부담이 컸어요. 그렇지만 지금 내 회사는 이전보다 잘 나가고 있어요. 그리고 내게 뭣보다 중요한 것은 사람들입니다. 영화에서 일하는 것, 그것은 뭣보다 우정의 스토리를 쓰는 것이에요."

파트릭 휘그라는 영화계에서 많은 친구들을 사귀었다. 베르트랑 타베르니에와 2편의 영화를 찍었고, 파트리스 르콩트와 7편의 영화를 찍은데다, 더욱이 섬세한 미식가로 유명한 클로드 샤브롤과는 절친한 사이이다. "샤브롤, 그는 먹는 걸 무척 즐겨요. 그래서 내가 마련해 준 음식을 먹고 있는 그를 바라보고 있는 건 정말 즐겁답니다. 음식 재료에 관한 한 그를 속이는 건 불가능해요."(《누벨 시네마》, 2000년 2월)

로 유명하다.

■ 교육: 물론 영화의 이동 식당 운영자를 위한 교육이란 없다! 가장 바람직한건 자기 회사를 차리려고 들기 전에 이동 식당 운영자의 곁에서 현장을 배우는 것이다. 물론 호텔 운영 학교에서 수업 과정을 이수하는 것을 플러

스가 될 수 있다. 요리하기를 좋아하고 여행 취향을 가지
고 있는 게 이 직업의 두 가지 요구 사항이다. 또한 대형
트럭 운전면허증을 잊지 말기를!

III

이미지, 음향, 포스트프로덕션의 직업들

"디지털 카메라는 젊고 재능 있는 영화인들이 아주 작은 경비를 가지고서도 1편의 영화를 완성할 수 있게 해줍니다. 그렇지만 관객들이 텔레비전의 이미지와 별반 차이 없는 화질의 디지털 이미지를 감상하려고 굳이 자기 집에서 나와 영화관 스크린 앞에 앉으려고 할까요? 그건 장담할 수 없습니다. 영화란 뭣보다 이미지 스펙터클이거든요."

촬영감독 겸 영화감독, 피에르 윌리엄 글렌

1. 작품의 주도자들

• 감독

두말할 것도 없이 영화감독은 영화에 몸담고 있는 사람이면 누구나 선망하는 정상의 자리이다. 영화 작업에 참여하는 거의 모든 스태프들은 언젠가 자신의 영화를 연출하리라는 꿈을 키우고 있는 것도 사실이다. 아주 어려운 직업이라는 것을 잘 알면서도 왜 영화인 거의 모두들 감독의 꿈을 꿀까? 그것은 다양한 파트에 속한 갖가지 부품들을 자신의 의도대로 조립하면서 하나의 통일된 이야기를 창조하는 일이 주는 쾌감과 성취감은 다른 직업들에서라면 쉽게 맛보기 힘들기 때문일 것이다. 더구나 인위적으로 꾸민 이야기에 지나지 않음에도 불구하고 살아 있는 실재 현실로 느껴질 정도로 영화는 생생하고 강렬하기 때문일 것이다. 또 한편 스태프들로서는 헌신적으로 일했을지라도 결국에는 '아무개 감독의 영화'이기만 한 작품에 거의 익명으로 참여한 게 아니냐는 욕구 불만이 있기 마련이다. 피에르 윌리엄 글렌·브뤼노 뉘텐 혹은 필립 루슬로 같은 뛰어난 촬영감독들은 아마도 그런 이유로 인해서 연출로 전향했을 것이다.

모든 감독들은 언젠가 크게 성공하길 원한다. 그러나 이 행복한 사건은 지극히 드물게만 일어난다. 아니면 전혀 발생하지 않기도 한다. 영화감독으로 성공한다는 것은 전혀 예측 불가능한 사건이다.

- III장에서 인용되는 영화전문학교, 교과 과정, 입학시험, 그리고 학비들에 대해 알고 싶으면 V장을 참조하세요.

- VI장에서 여러분은 어떻게 영화인이 될 수 있는지 그 방법을 발견하실 수 있을 겁니다.

누구에게나 열려 있는 직업

프랑스에서 감독은 우선 작가입니다. 영화를 만들기 위해서는 감독은 자신이 하고픈 이야기가 있어야 하고, 그 다음에는 시나리오 글쓰기 형식에 대한 기본을 통달해야 하지요.

영화감독의 직업은 모든 이들에게 열려 있다. 어떤 졸업장도 자격증도 공식적으로 요구되는 것은 하나도 없다. 하지만 영화감독의 길을 선택한다는 것은 무엇보다 우선 편한 인생을 포기한다는 것을 뜻한다. 영화감독이 되기 위해선 먼저 시나리오를 쓰는 능력이 있어야 한다. 프랑스에서 영화감독들은 95%가 직접 시나리오를 쓴다. 혹 당신과 우정이 돈독하고 당신에게 헌신적인 친구가 시나리오 작가라면 이야기가 다르겠지만, 시나리오 없이 영화를 만드는 행운을 얻기는 거의 불가능하다. 영화감독은 곧 작가라는 등식은 프랑스 영화 정신 속에 강하게 박혀 있는 콘셉이다. 영화를 만들 돈을 투자하는 제작자가 시나리오가 준비되지 않은 감독에게 연출 의뢰를 하는 경우는 극히 드물다. 따라서 감독이 되기 위해서는 실제로 시나리오 전문 교육 강좌를 수강할 필요가 있다. 아울러 시나리오라는 특별한 유형의 글쓰기 기초 개념들을 습득하기 위해서 전문 서적들을 탐구해야만 한다. 그리고 두말할 나위도 없지만 스스로 영화광이어야 한다. 특히 무엇보다 중요한 건 당신 자신이 꼭 하고 싶은 이야기가 있어야 한다는 점이다. 자! 그래서 일단 시나리오를 썼다고 하자. 그렇더라도 그것은 감독이 되기 위한 기나긴 여정의 첫 단계를 간신히 넘은 것에 불과하다.

지원금 제도를 눈 밝게 살펴야 한다

감독이 되기 위해 넘어야 할 두번째 단계는 영화에 투자할 준비가 되어 있는 제작자를 만나는 것이다. 진짜 어려움은 정작 거기서부터 시작된다. 이런저런 제작자들과 어느 정도 미리 안면을 익혀 온 사람이라면 당연히 자신

시나리오 3편 중에 겨우 1편이나 건질 수 있을까?

필립 뮐
《요리와 종속》, 《모든 건 사라져야 해》의 감독

> "나는 내 시나리오들을 거절했던 제작자들을 집요하게
> 따라다니고 귀찮게 굴면서 인간 관계를 맺었지요."

난 광고와 커뮤니케이션 분야를 두루 접해 본 후에 영화에 투신했습니다. 그후 여러 영화 프로젝트들을 가지고 감독이 되고자 애를 써봤지만 하나도 성사시키지는 못했습니다. 나의 첫 영화는 《바다 밑의 나무》(1984)였는데 그 과정은 이래요. 난 그리스 소설 1편의 저작권을 사서 시나리오로 직접 각색했어요. 그리고 제작자를 찾았지만 허사였지요. 그 프로젝트엔 엄청난 제작비가 필요했거든요. 그래서 부득이 난 기업 홍보 등의 제도권 영화들을 찍는 작은 영화사를 차렸고, 내 시나리오를 스스로 제작했어요. 그러니까 제작·감독을 겸해서 간신히 첫 영화를 찍었는데, 그만 보기 좋게 실패하고 말았지요. 정신을 차려 보니 내겐 1백만 프랑의 빚만 달랑 남았지 뭡니까. 난 계속 시나리오를 쓰고, 한편으로는 기업 홍보 영화들을 만들며 빚을 갚아 나갔지요. 그때까지 사실 난 다른 제작자들과 인간 관계가 전무했어

요. 그래서 난 누가 무엇을 제작하는지 알기 위해 영화 전문 저널들을 뒤지고 또 뒤졌습니다. 또한 어느 제작자가 내 시나리오를 거절하면 난 그가 거절한 이유를 알고자 무척 애썼지요. 그리고 나서 그 제작자들과 꾸준히 접촉하려고 노력했습니다. 그건 내가 현재 어떤 새 프로젝트를 갖고 있는지 그들에게 설득하기 위해서지요. 그런 식으로 해서 난 제작자들과의 인간 관계를 차근차근 만들어 갔습니다. 그러는 사이 10년이라는 세월이 속절없이 흘러가 버리더군요. 난 내 인생에서 영화를 접어 버리기로 마음먹었습니다. 그때였어요. 한 제작자가 내 앞에 나타났고, 《요리와 종속》을 함께 만들자고 하더군요. 난 다시 일을 시작했지요. 그후 한 친구가 내게 《모든 건 사라져야 해》의 시나리오를 가져왔어요. 난 그것을 제작자 크리스티앙 페슈네르와 함께 고몽 영화사에서 찍었답니다. 《모든 건 사라져야 해》를 찍

는 동안에도 난 다른 영화 프로젝트 작업을 병행해야 할 정도로 일이 밀려들었어요. 그 프로젝트는 순항하는가 싶더니 촬영 개시 4주 전에 엎어지고 말았지만요. 그후 난 고몽 영화사와 새 영화를 또 찍었어요. 그건 《암소와 대통령》이었습니다. 난 지금도 쉬지 않고 시나리오를 쓰고 있습니다. 왜냐하면 영화 1편을 만들 행운을 잡기 위해선 적어도 3편 정도의 시나리오를 써서 갖고 있어야 하니까요!

의 시나리오가 제작자에게 읽혀질 기회가 많을 것이다. 그렇지만 제작자들과 안면이 없는 사람은 이 두번째 단계를 뛰어넘는 게 시나리오 쓰기보다 더 어렵다. 감독이 되려는 사람은 자기 시나리오에 제작자의 투자를 유도하기 위해서는 대단한 집요함과 열정, 그리고 인내심으로 자기 프로젝트의 흥행 유용성을 설득해야 한다. 하지만 또 제작자가 시나리오를 읽고 제작 의사를 결정했다고 해도 곧바로 촬영 단계로 이어지지는 않는다. 따라서 감독의 기회를 잡기 위해선 국립영화청에서 시행하고 있는 '예상 수익에 따른 선수금' 혹은 우수 '시나리오' 부문 같은 곳에서 제공하는 지원금들을 최대한 적절히 활용해야만 한다. 왜냐하면 제작자들은 비록 일부분이라도 일단 투자를 유치한 프로젝트에 관심을 갖게 마련이기 때문이다. 소액이라도 어딘가! 한푼이 아쉬운 제작자들에게는 국립영화청 등의 지원금은 큰 힘이 아닐 수 없다. 그러나 감독은 제작자가 결정되고 일부의 지원금까지 확보되었다고 하더라도 여전히 인내심으로 꽁꽁 무장해야 한다. 아무리 제작자가 감독의 시나리오 제작에 열정적으로 나섰다 해도 영화 프로젝트란 단 1주일 만에 가동되지 않는 법이다. 제작자 자신도 총제작비의 예산 가운

데 자신의 투자로 감당하기 어려운 제작 초과분을 어디선가 끌어와야만 하는 경우가 다반사이기 때문이다. 이 일은 수 개월이 걸릴 수 있다! 결국 1편의 시나리오가 1편의 영화로 탄생되기까지에는 순간순간마다 그 프로젝트를 날려 버릴 수 있는 지뢰가 여기저기 매설되어 있다는 얘기이다. 게다가 힘겹게 촬영을 마친 영화라 할지라도 영화관에서 제대로 관객도 못 만나고 사장되고 마는 경우까지 있다.

배우들 지도하기

감독의 임무는 촬영 준비 단계, 즉 프리 프로덕션 단계인 캐스팅, 스태프진 구성, 촬영 장소 헌팅 등에서 실질적으로 시작된다.

그리고 촬영 현장에서는 배우들의 연기력를 이끌어 내는 것이다. 바로 여기서 각 연출가의 개성과 독창성이 발휘된다. 모든 감독들은 각기 자신의 영화 만들기에서 기술적인 면과 예술적인 면에 대해 전반적으로 책임을 진다. 그러므로 감독에게는 영화 제작에 참여하는 모든 파트에 대한 지식이 필히 요구된다. 수많은 단원들을 이끌고 자신이 꿈꾸는 하모니를 만드는 교향악단의 지휘자처럼 영화감독은 자신이 꿈꾸는 이미지가 나오도록 모든 스태프들을 이끌어야 하기 때문이다. 또 감독은 영화 제작 과정에 수반되는 기술적인 측면과 재정적인 압박 요인들을 십분 이해하고 존중해야만 한다. 영화는 감독의 사적 예술 행위이기 이전에 엄연히 집단적 · 산업적인 측면이 뒤엉킨 총체 작업이기 때문이다.

영화감독은 영화 작품의 모든 기술적인 측면과 예술적인 완성도에 대해 책임을 집니다. 따라서 감독은 제작에 참여하는 다른 직업들에 대한 지식과 경험을 쌓아야 합니다. 이 점은 감독으로 성공하기 위하여 꼭 쥐고 있어야 할 필수 페이지요.

텔레비전 연출가

텔레비전용 영화 연출가의 일은 장편 영화 감독의 일과 비슷하다. 그러나 텔레비전용 연출가는 장편 영화 감독과는 달리 시나리오 선택, 스태프진 구성, 배우 캐스팅에 뚜렷한 결정권을 행사하지 못한다. 텔레비전 연출가는 오로지 제작자에게 봉사해야 한다. 시나리오는 제작자가 전적으로 선택한다. 텔레비전 연출가는 예술가라기보다는 오히려 테크니션에 가깝다. 긴혹 텔레비전 연출가가 직접 시나리오 작가를 겸하는 경우도 있다. 하지만 텔레비전 연출가가 영화감독으로 이행하는 경우는 여전히 드물다. 그 반대의 경우, 즉 영화감독이 텔레비전의 연출을 하는 경우는 그다지 드물지 않다.

■ 교육: 국립이건 사립이건 모든 영화전문학교들은 연출가를 위한 전문 교육 과정이 있다. 페미스의 연출 전공

■ 영화감독의 직업 신분증 ■

'장편 혹은 단편 영화감독'의 직업 신분증을 얻기 위해서는 다음의 조건들 하나를 충족해야 한다.

■ 장편 영화 감독은
— '제1조감독' 직업 신분증 소지자로 3편의 프랑스 장편 영화에 참여.
— '촬영감독' '미술 감독' '편집기사' '제작 총지휘' 직업 신분증 소지자로 5편의 프랑스 장편 영화에 참여.

— 페미스의 연출 과정 수료증과 제1조감독 직업 신분증 소지자로 1편의 장편 영화에 참여.

■ 단편 영화 감독은
— 제1조감독의 신분증 소지자.
— 연출부 자격으로 4편의 단편 프랑스 영화에 참여.
— 4편의 단편 영화를 제작.

과정은 물론 가장 선망받는 곳이다. 그러나 또한 영화전 문학교를 거치지 않고도 영화 연출하는 일은 열려 있다.

• 조감독

영화감독은 제1조감독과 제2조감독의 보좌를 받는다. 제1조감독은 감독의 가장 가까운 조력자이다. 제1조감독은 감독이 영화를 의도대로 촬영할 수 있도록 제반 여건을 조직하고 준비하는 책임을 진다. 이 역할은 촬영 전부터 아주 많은 업무를 짊어질 수밖에 없다. 촬영이 시작되기 전의 제1조감독의 임무는 촬영 플랜을 신별로 구분하고, 그 각각의 신들에 소요되는 연기자·촬영 장소·소품·의상·조명·음악 등등에 대한 온갖 지시 사항들이 담긴 아주 세밀한 촬영 계획표를 작성하는 일이다. 그리고 제1조감독은 촬영 현장에서 감독과 연기자를 포함한 전 스태프들 사이의 원활한 교감이 이루어지도록 헌신해야 되는 어려운 임무를 담당하는 직업이다.

▓ 제1조감독 직업 신분증 ▓

제1조감독 직업 신분증을 얻기 위해서는 다음의 조건들 중의 하나를 충족해야 한다.
— 제2조감독 혹은 제작부 혹은 편집 조수 혹은 스크립터의 자격으로 3편의 장편에 참여.
— 단편 3편을 연출.
— 페미스 졸업장 소지자로 제2조감독 자격으로 1편의 장편에 참여.

감독을 보좌하면서도 스스로 결정하기

베르트랑 아르튀스
조감독 출신 감독

> "기술적 면에서 폭넓은 지식을 쌓게 되는 건 부인할 수 없습니다. 하지만 미학적인 결정권은 전혀 발휘하지 못한답니다."

난 감독을 꿈꾸었습니다. 그래서 비교적 일찍 연출과 편집 분야에서 말단 조수로 여러 번 현장 연수를 했어요. 그런 한편 영화 이론 공부도 게을리 하지 않았고요. 그렇지만 별 뚜렷한 성과가 없었어요. 그러던 어느 날 아버지의 소개로 난 피에르 그라니에 드페르를 알게 되었습니다. 《군의관》(1979)의 촬영장에서였지요. 그즈음 난 영화계 사람들을 여럿 만나 교제를 하고 있었지만, 정작 감독이 되는 데에는 그런게 별 소용이 없지 않나 하고 회의감에 젖어 있을 무렵이었습니다. 그런 어느 날 피에르 그라니에 드페르의 아들인 드니 그라니에 드페르가 날 부르더군요. 그리곤 베르트랑 블리에 감독의 《차가운 요리》(1979)의 제2조감독 자리를 제안했어요. 나와 베르트랑 블리에는 손발이 척척 잘 맞았습니다. 그래서 그는 《차가운 요리》 이후에도 나를 세컨드로 계속 데리고 쓰더니, 이어 제1조감독을 맡겼습니다.

그러나 난 제1조감독 자리에 오래 머물지 않았습니다. 빨리 감독으로 직행하고 싶었기 때문이었지요. 어떤 사람들은 제1조감독이라는 포스트를 직업으로 삼기도 합니다. 즉 직업적 조감독은 제작 진행을 위한 기능적인 업무에 능한 전문 조감독을 일컫는데, 감독을 목표로 하던 내게 그건 함정이나 다름없다고 여겨졌습니다. 제1조감독이란 감독에 가장 가까운 포스트이면서 모순되게도 연출을 가장 덜 준비하는 직업이기도 하거든요. 프랑스에서는 모든 제1조감독들이 감독을 목표로 하고 있지는 않아요. 제1조감독을 자신의 진정한 전문직으로 여기는 영화인들도 많습니다. 제1조감독의 위치는 영화를 만드는 기술에 대해선 상당한 지식을 얻게 되는 건 사실입니다. 하지만 예술가에게 필요한 미학적인 결정권은 전혀 걸머지지 못하는 위치이기도 하지요. 그런 한편 제1조감독이란 아주 역동적인 직업입니다. 때문에 그 분위기에 푹 빠져 있다가 감독이 되고자 하는 목표를 망각하고서 세월을 흘려 버릴 위험에 빠지기도 하지요. 혹은 기능적으로 아주 탁월한 역량을 발휘하던 제1조감독이 정작 시 원찮은 감독이 될 수 있다는 점도 유념해 두어야 합니다.

조감독의 계단 기어오르기

제1조감독은 어느 정도의 기술적·예술적 자질을 겸비해야 한다. 촬영 전에 감독의 지시 사항들을 배우와 스태프들에게 전달하고, 카메라가 돌아가기 전에 감독의 의도대로 준비가 갖추어져 있는지를 점검할 수 있는 능력이 있어야 한다. 또한 제1조감독에게 있어서 인간 관계의 유연한 감각은 권위주의적인 태도를 드러내지 않으면서도 모든 스태프들을 통괄하기 위해서 필수로 요구되는 자질이다. 그러나 대다수의 많은 연출가들은 이 단계를 이미 건너 뛰어넘었음을 알아두라.

• 스크립터

본래 스크립터는 영화 제작사에 근무하는 여비서를 지칭했다. 스크립터는 주로 영화감독을 도우면서 감독의 작업 플랜이 제대로 진행되는지 점검했다. 그래서 스크립터는 '촬영 현장의 여비서'라고 불렸다. 오늘날의 스크립터는 단순히 비서의 역할에서 격상하여 촬영 현장에 없어서는 안 되는 중요한 직업 중의 하나로 바뀌었다. 하지만 스크립터의 작업은 역할에 비해 합당한 가치를 인정받지 못하는 게 현실이다.

스크립터의 임무는 촬영 훨씬 전부터 시작된다. 영화의 러닝 타임(상영 시간)을 추론해 내고, 촬영 소요 시간을 예측해 낸다. 그리고 그 계산을 토대로 세밀한 촬영 스케줄을 짜는 임무를 부여받는다. (이 일의 일정 부분은 제1조감독의 임무와 겹쳐진다.) 이 일은 한 신 한 신의 소요 예상 시간을 측정하는 데서부터 출발한다. "결코 간단한 일이 아니에요. 신참 스크립터들에게는 정말이지 쉽지 않지요"라고 전문 스크립터로 일하는 마리 사비는 힘주어 강조한다. "그래도 대화 장면들의 시간 계산은 수월한 편예요. 그러나 이미지만 흐르는 장면들에서는 카메라 움직임을 상상하면서 시간 계산을 해내야 하는데, 그건 정말이지 만만치 않은 일입니다."

감독의 기억 저장고

스크립터는 각 신의 소요 시간을 짜는 이 첫 작업 후에 시나리오상의 이야기가 며칠 동안 전개되는지를 파악할 수 있는 일람표를 작성한다. 하지만 실제 촬영은 시나리오상의 시간 흐름에 맞추어, 즉 연대기순으로 촬영되지 않는다. 그렇기 때문에 일단 촬영이 진행될 때 일관성을 유지하기 위해 꼭 체크해 둬야 할 세부 사항들이 많이 발생한다.

고전적 정의에 따르면 스크립터는 감독의 기억 저장고이다. 그녀는 촬영 플랜에 관련된 정보들을 최대한 많이 기록하거나 기억해 둬야 한다. 또한 그녀는 배우들이 텍스트(시나리오)대로 대사 연기를 하는지도 감시한다. 어떤 감독은 종종 촬영장에서 촬영 신의 배우 대사를 시나리오 텍스트와 다르게 바꾸어 연기시키기도 하는데, 이럴 때 스크립터는 시나리오의 다른 부분과 그 대사가 일관성이 있는지 확인해 줄 수 있어야 한다. "뭣보다도 배우들이 연기하는 앞에서 입을 헤벌리고 있어선 안 돼요.

스크립터는 영화의 각 시퀀스마다 예상 소요 시간을 측정해야 합니다. 그리고 각 시퀀스들을 연결시켜야 해요. 스크립터는 또한 아주 사소한 것일지라도 모든 세부 사항들을 꼼꼼히 기억해 두어야 합니다. 그래서 스크립터는 열심히 노트 기록을 하거나 사진을 찍어둡니다.

■ 수많은 보고서에 둘러싸인 스크립터! ■

스크립터는 촬영 전개에 관한 정보들, 그리고 실행되는 작업에 관한 정보들이 담긴 보고서들을 여러 편 작성해야 한다. 서류를 작성하여 자료화하는 일은 당연히 촬영 후에 한다.

■ '이미지' 관련 보고서는 필름의 현상을 위한 현상소에 보낼 리포트이다. 이것은 그날그날의 촬영된 필름에 대한 모든 정보들을 담는다. 스크립터는 그 보고서를 매일매일 정리해야만 한다. 왜냐하면 필름은 하루 분량의 촬영이 끝나는 대로 즉시즉시 현상되기 때문이다. 촬영 장소와 현상소가 아주 멀리 떨어져 있지 않는 한 말이다.

■ '편집' 관련 보고서는 통상 15일마다 보내진다. 왜냐하면 편집 작업은 촬영된 일정 분량의 필름을 한데 묶어서 시작되기 때문이다. 이 보고서는 각 장면별로 이미지 묘사와 배우들의 대사 등을 기록 카드의 형식으로 작성된다. 그것은 또한 각 장면을 반복해서 찍은 테이크 수를 명기하고, 왜 재촬영됐는지를 기록한다. 이 보고서는 편집을 위한 기초 작업에 쓰인다.

■ '제작' 관련 보고서는 현재 인력과 이미 진행된 작업에 대한 필요한 정보들을 요약한다. 사용된 필름의 길이, 촬영 후 실제 소요되는 시간의 체크를 통한 예상 상영 시간의 점검, 사용된 음향 릴 테이프의 수, 배우들의 관리 현황, 작업의 시작과 종료 시간들. 이 보고서는 매일 아침 제작 총지휘에게 보고된다.

■ 촬영 일지라는 일일 보고서에는 촬영 상황의 시작과 끝이 기록되고, 촬영 일정의 변경, 혹은 불가피하게 이따금 발생되는 촬영 지연의 원인과 재촬영 사항 등이 꼼꼼히 기록된다.

정신 똑바로 차리고 텍스트 변화를 낱낱이 기록해야 합니다"라고 실베트 보드로는 조언한다.(《스크립터》, 페미스, 1989) 스크립터는 그 끔직한 신 연결 작업의 책임을 맡은 직업이다. 한 시퀀스 속의 신들이 시나리오상으로는 같은 날에 발생한 사건일지라도 실제 촬영은 시간 순

촬영 현장의 윤활유

마리 사비
스크립터

"스크립터는 만남과 인내와 관찰의 직업이랍니다."

나는 스크립터의 교육 과정을 이수하기 전엔 스페인어 교사였어요. 스크립터 교육을 받고 난 후 SFP 시네마에 입사해서 장 크리스토프 아베르티와 3년간 일했지요. 1998년에 SFP 시네마를 떠난 후 지금은 프리랜서 스크립터로 일해요. 작품 선택의 기준은 오로지 감독과 제작자가 누구냐 입니다. 영화는 많은 사람들이 함께 작업하는 일이기 때문에 뭣보다 연대감이 중요하고, 그래서 난 내가 좋아하는 사람들과 일하려고 고집합니다. 스크립터와 감독과 제1조감독 사이에는 긴밀한 협조 체제가 이루어져야 해요. 제1조감독이 촬영을 준비하는 동안 스크립터는 감독과 배우, 제작과 기술 스태프들 사이에서 원활한 축의 역할을 하지요. 이건 숱한 만남과 인내심과 관찰력을 요구하는 직업이랍니다. 촬영장의 모든 것을 기록하고, 사진을 찍어두어야 해요. 내 개인적인 노하우를 알려 드릴까요. 난 대부분을 내 시각적 기억력에 의존합니다. 바로 이 점은 스크립터가 끊임없이 갈고 닦아야 할 능력이기도 하지요. 가령 오늘 내가 거리에서 우연히 어떤 배우를 마주친다고 합시다. 그럼 난 바로 그가 촬영한 현장을 떠올려요. 아 그래! 이 배우는 어떤 감독의 어떤 시퀀스에서 나왔었지!

스크립터가 되기 위해서는 배우들을 좋아하고 연출을 좋아해야 해요. 비록 당신이 영화를 만드는 연출가가 아니더라도요. 난 내가 아는 감독들과 일하는 게 더 편해요. 왜냐하면 그들은 내 감각을 존중하고, 내 말에 귀 기울이거든요. 요즘 어떤 감독들은 스크립터 없이 촬영하기도 합니다. 그들은 현장에서 자신의 직업상의 비밀을 많이 파악하는 사람이 너무 가까이 있다는 걸 영 거북해하거든요.

서와는 영 다르게 여러 날의 간격을 두고 나누어 무질서하게 진행되기 때문에 스크립터가 각기 신들의 일관성을 유지하기 위해서 의상·소품·무대 배경 변화가 동일하도록 검증해야만 한다. 한 시퀀스에서 의상과 소품은 반드시 연결돼야 하는 것쯤은 영화의 문외한들이라도 잘 알 수 있다. 하지만 신 연결 작업은 의상과 소품 등에만 국한된 것이 아니라 연기자의 시선이나 움직임에도 동일하게 요구된다. 스크립터에게는 각 신의 디테일 전부에 대한 세심한 주의력과 날카로운 관찰이 필요하다.

우리는 네거리 한복판에 있어요

스크립터의 연결 작업은 또한 기술적 측면에도 참여한다. 화면이 튀어 관객의 시선에 혼란이 초래되어서는 안 되기 때문이다. 따라서 스크립터는 이미지가 물 흐르듯이 자연스럽게 이어질 수 있도록 매 장면에서 사용된 렌즈와 필터, 그리고 화면의 사이즈와 카메라 움직임까지도 빼놓지 않고 기록해야 한다. 그 모든 기록은 이어지는 다음 촬영시에 아주 유용하게 참고가 된다. 촬영 현장에서 스태프들이 이미 촬영한 장면을 참고하기 위해 스크립터에게 문의해 오기 때문이다. "우린 네거리의 신호등 같아요. 또한 화차·객차를 유연하게 바꾸어 연결하는 철도의 조차장 같은 곳이기도 하지요"라고 실베트 보드로는 설명한다. "우리는 느닷없는 많은 질문들에 그때그때 대답해 주어야 하지요. 예를 들어 촬영감독은 이렇게 묻지요. '조리개가 몇이었지?' 또는 구도를 잡는 카메라맨은 이렇게 물을걸요. '몇 밀리 렌즈였지?' 그리고 거리를 체크하는 카메라 조수는 '거리가 얼마였지?' 하고 묻는단 말예요. 특히 감독의 질문이 많은 편이지요. 감독은 '우리가 그때 어떤 장면을 쓰려고 했지?' 라고 묻는답니다. 이런 질문은 편집실에서의 경우인데, 촬영시에는 보통 한 장면을 여러 번 찍게 되거든요. 그 중에 제일

스크립터의 작업은 근본적으로 세심한 관찰력과 엄밀성에 기초합니다. 스크립터는 현장의 모든 스태프들의 수많은 질문들에 바로 바로 대답할 수 있어야 해요.

나은 장면을 쓰려구요. 그럼 우리는 감독에게 '감독님 그건 두번째 테이크와 네번째 테이크에서 골라 쓰기로 하셨어요'라고 감독의 기억을 환기시켜 주어야 하지요. 그럼 감독은 '그랬지, 그럼 그 친구가 냅킨을 놓치는 장면 좀 뽑아줘'라고 하지요. 그래서 스크립터는 그 모든 걸 잘 기록해 두고 잘 기억해 둬야 하지요."(《영화와 그 직업들》, 미셸 시옹, 보르다스, 1990)

따라서 세심한 관찰력과 꼼꼼함은 스크립터에게 꼭 필요한 자질이다. 기억력은 그의 주요한 무기가 된다. 스크립터는 기록을 하기도 하지만, 또한 사진도 찍어 놓는다. 폴라로이드의 상용은 스크립터에게 어느 정도 작업의 용이함을 가져다 주었다. 그러나 실베트 보드로는 폴라로이드의 실용성에 의문을 제기한다. "사진을 사용하면 편하기는 하지만 편하다고 마구 사진에만 의지하는 건 좀 재고할 필요가 있어요. 왜냐하면 그건 우릴 게으르게 만드니까요. 사람들은 흔히 쉽게 이렇게 말하는 경우가 있어요. '꼼꼼히 기록해 놨어, 봐, 사진으로 다 찍어 놨잖아.' 그렇지만 그걸로는 충분치 않아요. 넥타이의 색깔과 와이셔츠의 색깔을 자세하게 표시해 놓지 않으면 안 됩니다. 왠지 아세요? 폴라로이드 사진으로는 섬세한 색상의 뉘앙스까지를 담아내기가 어렵거든요. 더구나 폴라로이드는 배우가 어떤 제스처로 어떤 대사를 했는지를 모두 다 당신에게 말해 주지는 않는답니다."

어떻게 스크립터로 데뷔할까?

스크립터로 영화계에 데뷔하기 위해서는 현장 연수를 해야 한다. 그러나 연수 기회를 얻기가 점점 더 어려운 실정이다. 왜냐하면 제작사들이 연수생들에게 급료를 지불하길 꺼리고 기존 스크립터들은 그들을 경쟁자로 여기는 까닭이다. 달리 추천이 없다면 직접 자기 이력서를 스크립터들과 제작사들에게 전달하는 게 더 낫다. 외국어 하나나 혹은 둘을 유창히 구사한다면 공동 제작 촬영장의 문들은 열릴 것이고, 활동 영역을 넓히는 데 한결 수월하다.

스크립터로서 일자리는 텔레비전 방송국에서도 구할 수 있다. 텔레비전용 영화를 찍을 때 또는 생방송 스튜디오에서(비디오 스크립터)도 필요한 직업이다. 이 경우는 영화 스크립터의 작업과 아주 다르기 때문에 별도의 특별한 교육이 필요하다.

■ 교육: 페미스와 다른 영화전문사립학교들은 스크립터의 교육 과정을 개설한다. 그러나 현장에서 직접 학습도 얼마든지 가능하다. 그러나 실제 직업 속에 들어가는 일은 아마도 페미스의 교육을 이수하고도 좀더 시간이 필요할 것이다.

■ 스크립터의 직업 신분증 ■

국립영화청이 배부하는 스크립터의 직업 신분증을 얻으려면 다음의 조건들 중의 하나를 채워야 한다.
— 3편의 장편 프랑스 영화에서 스크립터 연수를 했거나, 혹은 장편 프랑스 영화에 편집 연수생이었거나, 혹은 적어도 3개월간의 편집실 연수.

— 장편 프랑스 영화 7편에 제작 비서로 참여했고, 1편의 장편 프랑스 영화에 스크립터 연수.
— 페미스의 스크립터 분야 수료증 소지자로 1편의 장편 프랑스 영화에 스크립터 연수.

2. 이미지

• 촬영감독

촬영감독의 임무는 스토
리를 이미지로 만드는 데
에 있다. 고도의 기술이
요구되는 촬영감독의 작
업은 근본적으로 빛에 기
초한다. 그래서 훌륭한
촬영감독은 예술적 자질
을 겸비해야만 한다.

촬영감독은 영화감독의 특별한 파트너이다. 대부분의
영화감독들은 자기가 일할 촬영감독을 스스로 선택한다.
화면 구도를 잡는 카메라맨·카메라 조수들·조명기
사·촬영 인프라와 기자재 담당들 등의 이미지 파트 스
태프의 책임자인 촬영감독은 카메라 렌즈와 빛의 조화를
통해 이미지를 구현해 낸다. 촬영감독은 영화감독이 창
안한 혹은 영화감독이 꿈꾸는 이야기를 이미지로 전환시
킨다. 또 촬영감독은 오리지널 프린트가 나오기까지의
필름의 현상과 인화 과정에 참여해 감독이 의도하는 이
미지의 창조에 책임을 진다.

그림의 빛

촬영감독의 일은 숙달된 기술과 함께 미적 감수성이
강하게 요구되는 업무이다. 촬영감독은 영화감독이 화면
에 나타내고자 하지만 대사나 스토리 플롯으로 쉽게 표
현할 수 없는 감각과 감흥들을 이미지로 전사해 낼 줄 알
아야 한다. 그래서 촬영감독들은 자주 미술사를 참조한
다. 촬영감독인 앙리 알레캉은 장 콕토의 《미녀와 야수》
를 찍을 때 네덜란드 화가들의 바로크적 조명 테크닉과
페로 동화의 삽화를 그린 귀스타브 도레의 판화들에서
영감을 받았노라고 고백한다.

분석과 탐구의 작업

촬영감독은 작품의 분위기를 결정하고 그에 걸맞는 빛을 창출하기 위해서 촬영 전에 영화감독과 많은 대화를 할 필요가 있다. 대화를 통해 영화감독은 촬영감독의 작업 방향을 잡아 준다. 그래서 영화감독은 구체적으로 자기 작품의 분위기·빛·색채에 좋은 참고가 될 수 있는 기존 영화들을 지적해서 다시 분석하라고 촬영감독에게 요구하기도 한다. 스티븐 프리어즈 감독은 《메리 레일리》를 찍기 위해서 촬영감독 필립 루슬로에게 데이비드 린 감독의 《올리버 트위스트》(1948)와 《위대한 유산》(1946)을 다시 보라고 조언했다. "스티븐 프리어즈는 이미지의 질에 대해서는 전혀 이러쿵저러쿵 말하지 않아요. 그의 관심사는 우선 내레티브에 집중되었지요. 우리는 촬영 내내 텍스트 분석에 매달렸습니다! 그러면서 우리는 《메리 레일리》는 서로를 향하는 영원한 시선에 대한 영화라고 의견을 모았지요. (…) 카메라의 위치, 이동, 조명, 배우들의 연기까지 모든 게 영원한 시선이라는 콘셉에 맞추어 진행됐지요. '누가 누구를 바라보아야 할까?' '이 장면에서는 어떤 인물의 시점을 취할까?' 라는 모든 질문들의 대답도 바로 그 콘셉 안에 들어 있었습니다. 이 작업 방식은 거의 클로즈숏으로 촬영했던 《위험한 관계》와는 전혀 다른 접근이었지요. 《위험한 관계》에서 우린 클로즈숏이 거짓말하는 인물들의 내면을 필름에 담는 유일한 방법이라고 간주했거든요." 촬영감독은 영화가 만들어지는 내내 영화감독의 동반자여야 한다. 촬영 전 촬영 장소를 물색할 때에도, 촬영시 화면 구도를 잡고, 숏을 분할하며, 그리고 화면에 배치되는 소품들과 의상, 심지어 분장들의 색채에 이르기까지 촬영감독은

촬영감독은 일단 사용할 기자재를 선택하고 나면 순발력 있게 고난도의 작업을 진행해야 하지요. 촬영감독의 일용할 양식, 그것은 바로 스트레스랍니다!

영화감독과 의견을 교환해야 하기 때문이다.

감독과의 대화로 작품의 방향을 잡은 촬영감독은 카메라 임대소에서 여러 번 시험을 하면서 앞으로 그가 사용할 자기 기자재(카메라 · 렌즈 · 필터……)를 선택하고 필름의 유형(감광도)을 선택한다. 촬영감독은 현장에서 조명을 설계하고 카메라 위치를 잡으면서 기술적으로 프레임을 만든다. 그는 정확해야 하고 신속히 일해야 한다. 왜냐하면 촬영장에서는 여러 가지 방식으로 온갖 프레임들을 다 찍어 볼 수 없기 때문이다. 물론 촬영은 지연될 수 있지만 이 경우 아주 돈이 많이 든다. 따라서 촬영감독이 효과적으로 일하려면 스태프를 지휘할 줄 알아야 한다. 촬영 감독은 두 촬영 조수와 함께 작업한다.

■교육: 페미스와 루이 뤼미에르학교는 가장 뛰어난 촬영 분야 교육 과정을 운영하고 있다.

• 촬영기사

화면 구도는 촬영기사 · 촬영감독 혹은 영화감독이 잡는다. 그러나 촬영기사는 카메라의 파인더에서 눈에 보이는 것에 전념한다. 일단 감독과의 의견 교환 끝에 앵글이 결정되면 촬영기사는 촬영 인프라와 기자재 담당에게

■ 촬영감독의 직업 신분증 ■

촬영감독의 직업 신분증을 얻기 위해서는 화면 구도를 잡는 카메라맨의 신분증을 소지하고서 3편의 프랑스 장편 영화에 참여했어야 한다.

"기술이 발전한다고 해서 항상 질까지 개선되는 걸 의미하진 않아요."

원하는 이미지에 대한 뚜렷한 주관이 없이 촬영장에 오는 영화감독들이 너무 많습니다. 아직도 많은 필름들이 이미지의 전통보다는 시나리오의 전통 속에 더욱 자리잡고 있어요. 많은 영화들이 스토리를 다루는 방식에는 별 주의를 기울이지 않으면서 스토리를 전개하고 있어요.

이미지 감각이 부족한 감독들은 이미지에 대해 자신만의 생각이 없게 마련이지요. 내 말은 아카데믹한 감각으로 이미지를 만드는 걸 꼬집는 게 아니에요. 이미지를 스토리에 종속되어 봉사하는 요소로 사용하는 게 심각한 문제라는 겁니다.

다리우스 콩지가 촬영·조명을 맡았던 《세븐》(1999)의 예를 봅시다. 《세븐》에서 이미지들은 더러우면서 해체적이에요. 이건 영화 스토리와 분위기에 어울립니다. 《세븐》은 실제적인 이미지 작업을 거친 작품이예요. 네, 분명히 프랑스 영화는 미국 할리우드 영화에 좋은 대안입니다. 그러나 프랑스 영화가 관객의 관심을 끌기에는 충분치 않아요. 프랑스 감독들은 미국 영화의 힘인 시각 이미지 창출 시스템을 충분히 연구하지 않습니다. 디지털의 도래는 이런 상황을 악화시키기만 할 거예요. 디지털 기술은 텔레비전에는 은혜로운 것입니다. 반대로 영화에서 디지털 기술은 이미지의 질을 높이기 위한 일정한 규범들을 존중하지 않아도 되게 만들어요. 이것은 시각적 퇴행과 일치합니다. 그러다 보면 유럽 영화는 미국 영화의 게토 속에만 갇혀 있게 될지도 몰라요. "디지털 카메라는 젊고 재능있는 영화인들이 아주 작은 경비를 가지고서도 1편의 영화를 완성할 수 있게 해줍니다. 그렇지만 관객들이 텔레비전의 이미지와 별반 차이 없는 화질의 디지털 이미지를 감상하려고 굳이 자기 집에서 나와 영화관 스크린 앞에 앉으려고 할까요? 그건 장담할 수 없습니다. 영화란 뭣보다 이미지 스펙터클이거든요." 물론 새로운 테크놀로지를 사용하는 일에 민첩해야 할 필요가 있다는 데에는 저도 전적으로 동감합니다. 토

마스 빈테르베르그가 《셀러브레이션》을 위해 디지털 카메라를 선택한 것은	영화가 다루는 주제와 정당하게 잘 맞물렸어요.

카메라의 동선과 트래블링 속도 등의 카메라의 움직임을 포함해 조명의 위치와 빛의 운용에 대해 지시한다. 촬영기사는 연기자의 입장에 대해서도 깊은 이해가 필요하다. 그건 힘들이지 않고 배우들의 연기를 따르며 좋은 이미지들을 찍어내기 위해선, 배우들의 움직임들을 미리 예견할 줄도 알아야 하기 때문이다.

파인더에 눈을 붙이고 있는 촬영기사는 특별한 자리이다. 비디오 모니터가 없다면 찍힌 이미지를 볼 수 있는 유일한 자리이고, 배우들의 연기와 최초로 시선을 맞추는 자리이다. 이런 이유로 어떤 감독들은 파인더를 자주 들여다보기도 한다. 반대의 경우에 촬영기사는 한 숏 한 숏을 찍을 때마다 감독의 지시 사항을 확인 수용한다.

■ 교육: 페미스의 '이미지' 전공 과정 혹은 루이 뤼미에르학교의 '이미지' 전공 과정.

제1촬영조수

제1촬영조수는 이미지의 선명도를 책임진다. 따라서 포커스를 맞추고 안정된 카메라의 유지에 전념한다. 먼지는 그의 주적이다! 촬영기사를 하고 싶어하고 촬영감독이 되기 원하는 사람들에게는 제1촬영조수의 자리를 거치는 것은 필수적이다.

촬영기사의 직업 신분증을 얻기 위해서는 다음 조건들 중의 하나를 채워야 한다.

— 제1조감독의 신분증 소지자로 3편의 장편 프랑스 영화에 참가.

— 단편 영화의 촬영기사 신분증 소지자로 6편의 단편 프랑스 영화 참여.

— 루이 뤼미에르학교 이미지 전공 졸업증 혹은 페미스의 이미지 전공 수료증 혹은 제1조감독 신분증 소지자, 그리고 2편의 장편 프랑스 영화 참가자.

단편 영화의 촬영기사 신분증을 얻기 위해서는 이미지 전공 분야의 루이 뤼미에르 졸업증이나 페미스 수료증 소지자여야 한다. 더욱이 제2조감독 자격으로 장편 1편에 참여했어야, 혹은 촬영조수의 자격으로 3편의 단편 프랑스 작품에 참여했어야 한다.

제2촬영조수

제2촬영조수도 결코 무시할 수 없는 자리이다. 제2촬영조수는 제1촬영조수와 함께 카메라의 원활한 기능 유지를 위한 상태를 체크하면서 다른 한편으로 카메라에 필름 장착이 충분한지 점검한다. 동시에 제2촬영조수는 그날그날 찍은 필름을 현상소로 운반하고, 감독에 의해 수시로 검토되는 러쉬 필름을 준비하고 회수하기 위해서 촬영장과 현상소 그리고 편집실 사이를 왕복하는 작은 화차 노릇을 한다.

• 촬영 인프라와 기자재 담당. 마시노

촬영 파트에는 조수들 외에도 마시노(machino)와 엘렉트로(électro)가 있다. 마시노는 촬영 인프라와 기자재를

나의 가치를 인정받기

마르틴 발다쉬노
여촬영감독

> "카메라맨으로서의 자신의 능력이 담긴 포트폴리오는
> 촬영감독의 세계에 발을 들여놓을 수 있는 '열려라 참깨!'
> 같은 부적과 같은 거죠. 자신을 프리젠테이션할 수 있는
> 포트폴리오는 영화감독들이 그들 필름의 이미지를
> 당신에게 맡기도록 감독들을 자극할 것입니다."

난 한때 교사였고, 루이 뤼미에르영화전문학교에 합격도 했었습니다. 그리고 영화학 박사과정을 수료하기도 했지요. 난 카메라 기자재 임대소에서 연수를 한 덕에 거기서 촬영조수들을 만날 수 있었답니다. 촬영조수들이 이 사무실에 카메라 테스트를 하러 왔거든요. 난 제2촬영조수로 몇 편의 영화를 찍었어요. 그리곤 제1촬영조수로 일했지요. 10년간 촬영조수를 한 후 난 촬영기사─촬영감독의 자리로 이행하고 싶었지요. 난 언제나 빛보다는 화면 구도에 더 끌렸어요. 그러나 감독들과 제작자들은 흔히 촬영감독에게 빛이니 구도니 둘 다 장악하길 요구합니다. 그래서 난 자연히 빛에도 관심을 가졌어요.

촬영감독이 되는 건 여간 어려운 노릇이 아닙니다. 영화감독들에게 당신이 능력이 있다는 것을 증명해 보여야 하지요. 당신에게 그들 영화의 이미지를 맡기게 하려면요. 그러기 위해서 난 자주 단편 영화나 무보수 다큐 필름 촬영기사로 일하지 않을 수 없었답니다. 경력을 만들기 위해서이지요. 그 시간에 난 나의 밥벌이인 촬영조수 일을 하지 못했어요. 그렇다고 촬영감독으로 가고 싶다고 너무 소문을 퍼뜨려서도 안 돼요. 그러면 당신을 촬영조수로 보고 상대하던 사람들이 더 이상 당신을 조수로 부르지 않으니까요. 이 직업의 고용 시스템은 특이합니다. 촬영감독은 직접 영화감독에 의해 선택되거든요. 따라서 새롭고 다양한 감독들과의 관계를 발전시켜야만 합니다. 특히 촬영감독이 되고 싶은 여성은 스태프들의 조롱어린 시선을 극복해야 합니다. 또한 스태프들을 장악하며 촬영을 진행하려면 자신의 역량을 부각시켜서 스스로 인정받아야 합니다.

책임지는 직책이고, 엘렉트로는 조명 파트를 책임지는 조명기사이다. 이들 또한 촬영의 규모에 따라 1명 혹은 여러 명의 조수들을 휘하에 거느리고 일한다.

마시노는 감독과 촬영감독과의 유기적인 협의 아래 촬영과 조명에 필요한 인프라 기자재들을 촬영 현장의 여건에 부합되게 설치해 놓아야 한다. 가령 높은 위치에 카메라를 고정해야 할 경우는 탑을 설치해야 하고, 창문에서 앵글을 잡아야 한다면 그는 받침대를 만들기 위해 부산을 떨어야만 한다.

마시노는 감독이 요구하는 앵글을 잡기 위해 트래블링이 필요할 경우 이동 레일도 깔아야 하고, 돌리라고 불리는 이동차를 촬영 동선에 맞추어 밀기도 한다. 또한 조명기의 설치에 필요하다면 조명 받침대를 조립한다. 그 고정쇄들 위에 조명기사는 조명기를 묶는다. 마시노는 촬영 초기에 필요한 모든 장비를 예상해야 한다. 이것은 육체적 직업이다. 수공과 목공일에 능숙해야 하고, 손재주가 능란해야 한다. 일반적으로 남성들의 직업이지만 이따금 여성들이 이 자리를 차지하기도 한다.

마시노의 일은 조립공과 비견되지요. 순식간에 뚝딱하고 어떤 받침대라도 만들어 내기 위해서 손재주가 뛰어나야 합니다. 그 받침대 위에 카메라를 설치하고 조명기를 붙잡아 맬 것입니다.

무수한 장비들과 싸우는 힘든 작업(D 직종)

크리스토프 오바디아
마시노(chef machiniste)

"마시노는 현장에서 촬영 전부터 촬영이 끝날 때까지 없어서는 안 되는 존재이다."

마시노의 일은 전적으로 촬영 현장의 일이다. 나사와 망치를 잡을 줄 알면 마시노가 되기엔 충분하지만 이건 D 직종의 어려운 일이다. 자신이 맡은 일을 스스로 해내야 하면서도 촬영감독의 요구에 적절히 부응할 수 있어야 하고, 육체적으로도 강인함이 요구되기 때문이다. 촬영은 언제나 길고 고된 작업인데, 마시노는 촬영 전부터 촬영이 끝날 때까지 현장에서 없어서는 안 되는 존재이다. 일반적으로 이들은 업무 수행을 위해서 개인의 기자재를 갖추고 있다. 그 장비들은 조명기의 설치에 필요한 거푸집들(조명기 발치에 균형을 잡기 위한 모래주머니들), 금속 지지대들, 막대기들, 나무 입방체들 등이다. 마시노들은 자기들의 고용 계약 기간 외에는 이 기자재들을 제작사에 임대한다. 그래서 이들은 자기 기자재를 보관하는 별도의 창고와 운반용 트럭을 가지고 있다.

• 조명기사

조명기사의 일은 촬영감독과 아주 밀접하게 연계되어 있다. 그는 촬영감독과 같은 자격으로 조명의 기초 테크닉 모두를 통제할 줄 알아야 한다. 조명 파트의 책임자인 조명기사는 여러 유형의 조명기 사용법과 그 설치 시스템에 숙달해야 한다. 촬영시 왜 이런 기구를 사용하는지 모르면서, 이런 포지션에서 왜 이런 젤라틴(보조 색종이)을 함께 사용하는지 모르면서 촬영감독의 지시를 기계적으로 따르는 데 만족해서는 안 된다. 그는 촬영 플랜의 지시 사항들에 따라서 조명의 위치를 설정하고 조도 등을 조율한다. 그러기 위해서 그는 자기 책임하에 1,2명의 조수와 함께 일한다. 조수들은 조명기사의 지시에 따라서 기자재를 설치한다. (다음 페이지의 프랑크 코케의 증언을 참고하라.)

조명기사는 촬영 인프라 및 기자재 담당인 마시노와 마찬가지로 비주트(bijoute)라고 불리는 자기 자신의 기자재를 소유한다. 그의 비주트에는 온갖 유형의 조명기들을 위한 부속품, 야외 촬영에서 햇빛을 가리기 위한 차광막들, 그리고 서로 다른 크기의 알루미늄 반사판들로 가득 차 있다. 그러한 조명 기자재는 대형 트럭으로 운반된다. 대형 촬영을 위해서는 두 대의 기자재 트럭이 동원되기도 한다.

■ 교육: 기능적인 지식들은 현장에서 습득된다. 조명기사는 현장을 책임진 '십장' 답게 믿음직한 리더의 모습을 보여야 한다. 그는 빛에 관한 기술적 측면을 주도할 줄 알아야 하고, 제작사와 추가 노동 시간에 따른 급여 문제, 필요한 기자재 보완 문제도 협상할 줄 알아야 한다.

> 조명기사는 조명기가 왜 사용되는지, 왜 이 장면에서 젤라틴의 사용이 필요한지를 모르면서 촬영감독의 지시에 기계적으로 따라서는 안 된다.

• 현장 사진작가(스틸기사)

촬영 현장 사진작가는 촬영 스태프들 중에서 영화 만들기에 직접 참여하지 않는 유일한 멤버이다. 그의 임무는 작품의 콘셉과 내용의 개괄적인 흐름을 이해할 수 있는 일종의 촬영 르포를 작성하는 것이다. 그의 사진들은 영화관의 홀을 장식한다든지, 포스터를 만드는 데에 사용되는 등 영화 홍보에 사용되기도 한다. 또 어떤 경우에 이 사진들은 영화의 재정을 메우기 위해서 판매되기도 한다. 현장 사진작가는 촬영 기간 내내 촬영 스태프들과

빛 만들어 내기

프랑크 코케
전직 조명기사 및 촬영기사

"조명기사는 촬영감독의 이미지 작업을 위해서
조명 조수들을 이끌고 빛을 창출합니다."

나는 13세에 아버지의 영향으로 조명일을 시작했어요. 나의 할아버지도 조명기사였습니다. 예전의 조명 책임자들은 진짜 사나이들이었어요. 통솔력이 대단했지요. 그들은 숙련된 전기 기능공들을 좌지우지했답니다. 그러다가 15여 년 전부터 조명 기술이 신속히 놀랍게 발전하다 보니 조명기사들은 빛의 효과 자체에 관심을 갖기 시작했고, 영화 촬영감독들의 이미지 창출에 깊이 개입하게 됐습니다. 그렇지만 솔직히 내 의견을 말하자면, 약 5년 전부터 촬영에 필요한 재정 지원, 인건비 지원이 축소되면서 조명 작업의 질은 저하됐다고 봐요. 요즘 조명 스태프들은 단 1명으로 축소되었고, 대형 작품들에서나 간신히 2명 정도가 고용되곤 합니다. 그리고 조명 스태프들의 취업로가 더 넓어진 것도 사실이에요. 영화 현장 외에 텔레비전·광고·록 콘서트 등등 온갖 대형 영상 산업 분야로 활발히 진출합니다. 하지만 이들 조명 스태프들은 대부분 전통적인 조명기사 곁에서 진정한 수련 과정을 거치지 않았어요. 그들은 기자재는 능숙히 다루지만 진정 빛의 테크닉은 모릅니다. 나는 간혹 영어 혹은 철학 석사를 가진 조명 스태프 연수생들을 맞이하는 일이 있는데, 그들은 도대체 뭘 해야 할지를 몰라요. 그리고 영화에 대한 정열을 갖지 않고서 이 직업에 투신합니다. 그러니 영화 현장에서 자기 스태프를 책임져야 하는 조명기사는 조명 스태프에게 예전보다 훨씬 더 주의를 기울이고 실수하지 않게 일일이 잔소리해야 하니 짜증이 날 수밖에요.

요즘 조명 스태프들은 더 이상 함께 이 영화 현장에서 저 영화 현장으로 옮겨다니며 일하지 않습니다. 연간 제작되는 영화 편수가 감소되었기 때문에 오늘날은 같은 조명 스태프들과 한 팀을 이뤄 1년 내내 함께 작업에 임하는 조명기사들은 소수에 지나지 않거든요. 22년의 조명 경력을 가진 나는 피에르 윌리엄 글렌이나 브뤼노 뉘튼 같은 촬영감독들과 거의 전속으로 일할 수 있는 행운을 누리고 있지요. 이러한 몇몇 사람과의 전속 작업은 아주 흥미로워요. 진정한 신뢰감으로 뭉쳐 있기 때문이지요. 상호 교감에 의한 그 신뢰감은 작업에 대한 예측을 가능하게 하고, 그래서 더욱 시너지 효과를 만들어 냅니다. 그렇지만 오늘날은 빛의 작업에 대한 중요도가 반감된 게 현실이에요. 제작사들은 촬영감독들에게 독창적인 자기 표현을 할 여지를 그다지 주지 않아요. 그러다 보니 프랑스인들은 더 이상 미국인들만큼 훌륭한 스펙터클을 만들지 못해요. 미국인들의 시나리오가 프랑스 시나리오보다 덜 좋은데도 말예요. 난 조명기사 직업을 2년 전부터 때려치웠어요.

내 보물이던 기자재도 다시 팔아치웠지요. 그리고 연극으로 돌아갔습니다. 그리고서 캐나다 연극배우 마르크 오로뉴와 손잡고서 그의 무대 조명을 했습니다. 그건 《마르시엘은 파리에 올라왔다》라는 작품으로 연극 무대에 영화를 접목하는 멀티미디어 공연극이었어요.

최근에 나는 아르퀴에이에 영화 스튜디오 하나를 얻었어요. 옛 불로뉴에 있던 전설적인 영화 스튜디오와 같은 시대에 세워진 곳이에요. 이런 스튜디오를 갖는 건 정말이지 나의 오랜 꿈이었어요. 내겐 이제 새로운 영화 모험이 시작될 겁니다!

함께하기도 하고, 경우에 따라 며칠만 참여하는 예도 있다. 제작비 절감 차원에서 10여 일의 계약이 오늘날 가장 흔하다.

촬영에 통합되기

현장 사진작가의 어려움은 촬영 진행에 방해가 되지 않으면서 어떻게 좋은 사진을 찍는가 하는 점이다. 그래서 신속성과 신중함을 동시에 발휘해야 한다. 실제로 현장 사진을 찍기에 가장 좋은 자리는 카메라맨의 위치이다. 따라서 사진작가는 불가피하게 배우에게 가능한 한 가깝게 접근해야 할 경우가 종종 생겨난다. 이때 작업하는 스태프들에게 방해가 되지 않도록 해야 한다. 그렇기

현장 사진작가는 연예계 비정규직 노동자로서 계약을 하고 자기 사진의 사용에 대해 저작권을 갖습니다. 그 사진들은 영화 포스터에 영감을 줄 수 있지요. 현장 사진작가를 위한 특수 교육 과정은 따로 없습니다.

때문에 통상 현장 사진작가는 촬영중에 사진을 찍지만 간혹 촬영이 끝나자마자 재빨리 바로 전의 분위기를 다시 구성시키기도 한다.

연예계의 비정규직 노동자랍니다

또한 현장 사진작가는 리허설 장면들, 연출가와 배우들간의 토론, 배경 화면 등등 '장외'의 사진을 통해서 촬영 분위기를 기록한다. 이 사진들은 제작 진행 상황을 알리는 언론 홍보 기사용으로 쓰인다.

사진 에이전시 소속의 프리랜서인 현장 사진작가는 영화사에 의해 고용된다. 따라서 그는 연예계 비정규직 노동자로서 계약을 하고 자기 사진의 저작권을 갖는다. 다만 저작권은 제한된 분량의 사진들에게 적용된다. 일반적으로 언론 홍보용 사진과 영화관용 사진들에 대해서는 저작권을 포기한다. 사진작가는 영화사와의 계약시 계약서의 내용에 아주 주의를 기울여야 한다. 왜냐하면 아직 이 분야의 법규가 미비하기 때문이다. 예를 들어서 저작권에 해당되는 사진이 포스터에 선택될 경우가 있는데, 이럴 경우 분쟁의 소지를 없애기 위해 사전에 계약 조항을 꼼꼼히 다루는 게 필요하다.

■ 교육: 영화 현장 사진을 위한 특별한 교육 과정은 없다. 가장 유명한 사진학교는 아를의 사진학교이다. 이곳은 예술 전공의 대입 자격시험 +2 통과자에 한해 시험으로 선발된다. 다른 전공의 대입자격시험 +2 통과자들도 서류심사를 거쳐 응시 자격이 허락되기도 한다. 매년 2백여 명의 응시자 중에서 25명이 입학한다.

루이 뤼미에르학교는 이 분야의 강좌를 개설하고 있다. 현장 사진작가도 데뷔하려면 자신의 포트폴리오를

최적의 순간

나탈리 에노
현장 사진작가

"현장 사진작가는 우선 먼저 스태프들의 분위기를 파악해야 합니다."

"나는 알린 이세르만 덕분에 현장 사진작가로 데뷔했어요. 알린 이세르만이 《쥘리에트의 운명》(1982)이라는 자기 영화의 사진을 찍어 달라고 내게 제안했거든요. 난 원래 패션 사진작가의 조수였습니다. 얼마간 조수 생활을 하다가 《프르미에르》 영화 잡지에서 사진사를 찾는다는 소릴 듣고 지원, 입사해서 5년간 일을 했지요. 언젠가 나는 며칠 동안 촬영장에 출근해서 르포 사진을 찍게 됐습니다. 그리고 이어서 제작사들을 방문해 그 회사 제작 작품들의 현장 사진을 찍기 시작했답니다. 지금 난 독립 프리랜서로 일해요. 영화계의 특수 에이전시(H&K) 소속이지요. "현장 사진작가에게 무엇보다 중요하고 우선 필요한 건 스태프들과 허물없는 분위기에 빨리 젖어드는 거랍니다." 좋은 사진을 위해서 카메라에 아주 가깝게 접근해야 하기 때문에 촬영기사와 그의 조수들과 잘 사귀는 게 필요합니다. 나는 촬영되는 장면장면 사이에 셔터 누르기를 더 좋아해요. 생생한 현장의 감흥을 담아내기 위해서지요. 현장 사진작가는 현장 분위기가 최고조에 이른 순간을 포착해 내야 합니다. 그런데 배우들의 감정 몰입이나 촬영감독의 앵글 잡기를 방해하지 않기 위해 내 사진을 포기할 경우가 있지요. 나로선 참으로 안타까운 순간입니다. 스태프들은 배우들의 연기와 촬영 진행에 방해가 된다고 판단하면 내게 촬영 후에 사진을 찍으라고 요구합니다. 이럴 경우, 감독이 만들어 놓은 무대를 그대로 존중하고 촬영시의 분위기를 살리면서 배우의 액션과 감정이 잘 살아나는 찰나의 무대를 내 나름대로 잡아야 해요. 그래서 현장 사진작가는 스태프가 아니면서도 스태프와 유연하게 어울려야 해요. 그리고 신중해야 합니다. 자신의 작업을 이해시키기 위해서 배우와 스태프와 직접 접촉해야 합니다. 그리고 영화 촬영의 기술적인 시스템도 잘 파악해야 해요. 왜냐하면 사진 찍기에 몰두하느라 스태프의 카메라 앵글에 자기 모습이 잡히는 실수를 저지르면 정말 곤란하거든요."

들고 영화사들을 직접 방문하는 게 좋다. 혹은 사진 에이전시에서 연수를 시도해야 한다.

3. 음향

영화는 무엇보다 화면에 나타나는 시각적 이미지로 존재하지만, 이미지에 현실감을 부여하는 것은 음향이다. 하지만 이때 지각되는 음향이 천연의 소리란 의미는 아니다. 물론 화면에 깔리는 음향이 실제 자연의 소리일 경우도 있지만 대부분의 음향은 실제음에 가깝게 인위적으로 모방되고, 속임수로 조종되며, 과장된다. 촬영장에서의 녹음 작업은 녹음기사와 붐마이크맨의 책임이다.

음향기사는 어떤 소리들은 인위적으로 재창조합니다. 문 여닫는 소리나 걸음 소리, 자동차 도착하는 소리 등 현장에서 직접 따오기 부적절한 음향들이지요.

• 녹음기사

영화의 녹음 작업은 두 부분으로 나뉘어 진행된다. 첫 녹음은 현장에서 이뤄진다. 그때 녹음기사는 촬영과 동시에 배우의 대사와 현장 분위기의 음을 녹음한다. 그리고 현장의 소리 그대로는 효과를 내기 힘든 음향들, 예를 들면 문 여닫는 소리, 걸음 소리, 자동차 도착하는 소리 등은 촬영 후에 재구성한다.

어떤 장면들의 음향은 촬영이 끝난 후 재녹음되는 경우가 있다. 간혹 배우들의 음성이 불필요한 주변 소음들의 방해로 깔끔하게 녹음 작업이 이루어지지 못하는 까닭이다. 예를 들어서 배우가 자갈밭 위를 걸으며 대사를 하는 데 끼어드는 걸음 소리 따위이다. 이런 경우의 작업을 촬영 후 음향 동조 작업(포스트싱크로나이제이션)이라고 한다. 일반적으로 이 단계의 녹음은 촬영장의 녹음기사와는 다른 더빙 스튜디오의 음향기사가 담당한다.

섬세한 조화음을 만드는 작업

녹음기사는 현장 녹음을 위해 영화감독의 촬영 플랜에 귀를 귀울여야 한다. 그에 따라 녹음기사는 필요한 마이크들을 결정하고, 붐마이크의 움직임을 결정하기 위해서 배우의 대사와 동선에 세심한 주의를 기울여야 한다. 마이크는 배우에게 집중되어 있는 이동식 마이크 지지봉 끝에 달리기도 하고, 혹은 소품 속에 감춰지기도 한다.

촬영중 내내 귀에서 헤드폰을 뗄 수 없는 녹음기사는 나머지 스태프들과 격리되어 오로지 대사와 분위기의 소리에 집중한다. 녹음의 특성상 녹음기사는 촬영장에서 고립된 사람이다. 그는 배우들의 연기를 '듣는' 유일한 사람이고, 따라서 배우들의 시각적 연기에만 더 집중하고 있는 다른 스태프들이 전혀 감지하지 못하는 음향의 결점 때문에 촬영을 중단시킬 수도 있다. 녹음기사는 자기 개인 소유의 녹음기로 무장하고서 마이크로 잡은 소리를 체계적으로 정리해 둬야 한다. 가능한 한 가장 최선

■ 음향조수의 직업 신분증 ■

국립영화청이 지급하는 녹음기사 조수 혹은 붐마이크맨의 직업 신분증을 얻으려면 루이뤼미에르학교의 음향 분야 졸업증 소지자이거나, 혹은 페미스의 음향 분야 졸업증을 소지해야 한다.

녹음기사 혹은 음향기사는 녹음기사 조수의 직업 신분증 소지자로서 장편 프랑스 영화 4편에 참여했어야 한다.

의 음향 효과를 얻기 위해서 말이다. 그의 진정한 재능은 숨겨 놓은 마이크와 이동식 마이크에서 나는 각각의 소리를 어떻게 적절하고도 능란하게 조율하느냐에 달려 있다. 상황에 따라서 어떤 소리는 증폭시키고, 어떤 소리는 눌러 주면서 말이다. 속삭이는 장면들은 녹음기사에게 가장 어려운 장면들이다.

• 붐마이크맨

붐마이크맨은 촬영장에서 마이크가 끝에 달린 무겁고 긴 지지봉을 들고 다니는 사람이다. 그는 배우들을 따라다니며 음성을 잡는다. 이때 그는 자신의 작업을 누구도 방해하지 못하게 하는 동시에 자신도 배우들 혹은 카메라 스태프들을 방해하지 않으면서 임무를 수행한다. 아주 노동량이 많아서 보통 남성적이라고 여겨지는(옆페이지의 우리 증언자는 제외하고서) 이 직업은 사실 별 수익성도 없고 보람도 적은 편이다. 또 그에게는 세밀한 관찰력과 날카로운 청음 감각이 요구된다.

촬영 장면을 잘 파악해야 한다

붐마이크맨은 완벽하게 촬영 장면을 숙지해야 한다. 배우들의 동선에 따라 마이크를 배우에게 잘 접근시켜야 하기 때문이다. 붐마이크맨은 녹음기사의 지시에 따라 마이크의 위치를 잡는다. 그는 또한 이미지로 드러나지 않는 인물, 즉 화면 밖에서 하는 대사도 녹음한다. 이 소리들은 포스트싱크로나이제이션 과정에서 화면에 덧입혀질 것이다. 이 마지막 과정은 흔히 연수생의 몫이다. 붐마이크맨 자리는 녹음기사를 위한 견습의 자리이다. 그

붐마이크맨은 녹음기사가 되고자 하는 사람에게는 필수 단계이지요. 붐마이크맨은 육체적으로 힘든 직업이랍니다. 이 업무는 이동식 마이크를 분별 있고 합당하게 설치해야 하기 때문에 촬영 플랜에 대한 지식을 필히 요구합니다.

장외에서

베로니크 티롱
여성 붐마이크맨

> "이건 이미지 · 빛, 그리고 배우들과 경쾌한 연애를 하는
> 일이에요. 마치 발레를 추는 것 같다니까요."

붐마이크맨은 찍을 장면의 구도를 사전에 살 파악해야 제대로 역할을 할 수 있어요. 들고 있는 마이크가 카메라에 잡히면 곤란하거든요. 아울러 화면 속에 자신의 그림자를 남기지 않기 위해서 반드시 빛의 위치와 방향을 가늠해야 하고요. 붐마이크맨과 촬영기사는 당연히 연기자를 관찰하기 좋은 위치에 있게 됩니다. 붐마이크맨은 카메라가 돌아가는 동안 배우들의 움직임을 바싹 따라갑니다. 나는 그럴 때마다 순간적으로 마치 내가 배우들과 같이 연기하는 듯한 착각에 빠지곤 하지요. 미끄러지듯 소리 없이 배우를 따라붙어야 하는 녹음 작업은 마치 발레 같아요. 이미지 · 빛, 그리고 배우들과 경쾌한 연애를 하는 것 같답니다. 같은 배우들과 오래 촬영하다 보면 그들의 묘한 버릇을 알아채게도 됩니다. 나는 배우들이 각각 자기 감정 표현에 따라 어떤 순간에 머리를 숙이고 어떤 순간에 시선을 돌리는지 알게 됐지요. 이런 걸 빨리 간파하는 건 대사 녹음을 위해 아주 긴요합니다. 마이크를 적절한 자리에 놓길 원한다면 정말이지 배우들을 치밀히 관찰해야 합니다. 그러기 위해서 난 배우들의 리허설에도 꼬박꼬박 참석합니다. 그리고 현장에서는 카메라 움직임과 배우들의 이동선을 내 나름대로 그리면서 마음의 준비를 합니다. 더구나 배우들이 어떤 순간에 어떤 대사를 하는지 가늠하기 위해 시나리오 대사도 줄줄 외웁니다. 그래야 내 마이크가 오차 없이 시나리오를 제대로 실현해 줄 수 있거든요.

한 장면의 촬영이 끝났다고 마음을 놓아서는 안 됩니다. 다음 장면을 찍기 위해 카메라를 이동시키는 촬영 스태프들의 분주한 움직임과 그 순간의 번잡한 현장 상황에도 신경을 곤두세워야 하지요. 자신의 임무에 몰두하고 있는 그들을 방해해서는 안 되기 때문이지요. 혹은 적당한 높이로 붐마이크를 걸기 위해서 지지판 위나 임시 구조물에 올라가도 되는지 물어봐야 합니다. 그리고 조명 스태프들과는 내 그림자가 행여 화면을 방해할 수 있는

지 없는지 점검하고요. 또 가급적 소 수 있거든요. 붐마이크맨의 위치는 자
음을 줄이기 위해서 소품 담당들과도 기를 둘러싼 다른 스태프들의 일의 영
긴밀히 의견을 교환한답니다. 사소해 역과 속성을 잘 파악해 둬야 하는 자
보이는 소음들도 배우의 음성을 가릴 리랍니다.

러나 어떤 붐마이크맨들은 녹음기사로 전향하지 않고 내
내 붐마이크 지지봉에만 머물러 있다.

　■교육: 루이뤼미에르학교의 음향 전공 과정은 이 직
업의 왕도이다. 사립학교들, 음향기술고등전문학교(ISTS)
나 영상연출고등전문학교(ESRA)의 교육 과정에 이 분야
의 전공 과정이 있다.

4. 포스트프로덕션

일단 촬영이 끝나도 영화가 영화관에서 대중을 만나기까지는 먼 길이 남아 있다. 그 여정에는 기술적으로, 또 예술적으로 능력 있는 많은 영화인들이 연이어 등장한다.

• 현상소 기술진들

현상소 기술진들은 필름의 현상과 인화의 과정을 맡는다. 영화감독의 지시에 따라서 현상소 기술진들은 음화 필름에서 보존해야 할 숏들을 선택하고 버릴 숏들은 버리면서 시나리오의 장면 순서대로 전체 숏들을 재배열한다. 그러면서 음화 필름에서 양화 필름을 뽑는다. 음화는 현상소에 소중히 보존된다. 현상소 기술진들은 양화 필름 위에 촬영장에서 녹음한 소리를 동조시킨다. 그 작업에서 첫번째 프린트가 나온다. 편집기사와 믹싱기사는 바로 그 첫 프린트를 가지고서 일하는 것이다. 편집실에서 편집과 믹싱이 끝나면 그 필름은 현상소로 돌아온다. 다시 현상소 기술진은 보관했던 오리지널 음화를 편집실에서 믹싱된 프린트에 따라서 재편집하고 음향을 덧입힌다.

색보정기사는 편집과 믹싱이 끝난 후 나온 마지막 필름 버전을 놓고 작업하는 사람이다. 필름에 섬세한 안목을 갖춘 그에게 필요한 자질은 풍부한 감수성과 필름 현상 감각이다. 필름을 놓고서 그는 감독과 촬영감독과 함께 화면에 영사될 이미지들의 질을 조정하고 한 장면 한

촬영이 끝나면 곧 한 그룹의 직업군이 영화 작업에 개입됩니다. 영화 필름은 모두 편집실로 옮겨져요. 편집실에서 감독의 긴장된 시선 아래 영화는 프레임별로 공들여 손질됩니다.

장면 색보정을 한다. 그리고 특수 기계의 도움으로 이미
지의 색감을 수정한다. 그런 후에야 영화관에서 상영될
오리지널 프린트가 비로소 탄생한다.

• 편집기사

편집기사는 제작과 촬영 과정에서 발생되는 모든 지연
들을 꾸욱 참아야 한다. 그러나 편집은 1편의 영화가 만
들어지는 과정에서 아주 중요한 단계이다. 사람들은 탁
월한 편집기사는 평범한 영화를 편집 단계에서 업그레이
드시킬 수 있다고까지 말한다! 편집기사가 받는 러쉬 필
름은 영화의 첫 스케치이다. 감독의 첫 상상도인 것이다.
이 러쉬들은 뷰어라고 불리는 장비로 몇 주 동안 돌려지

▓ 편집감독 혹은 편집조수의 직업 신분증 ▓

국립영화청이 제공하는 직업 신분
증을 얻기 위해서는 다음의 조건을 채
워야 한다.
— 편집조수의 신분증은 3편의 프
랑스 장편 영화의 편집 연수생을 하
고, 최소한 3개월간 동안 현상소에서
연수를 해야 얻을 수 있다.
— 6편의 장편 프랑스 영화에서 편
집 연수를 하고, 페미스의 편집 전공
과정 이수증 소지자여야 한다.
편집감독은

— 편집조수의 직업 신분증 소지자
로 6편의 장편 영화에 참여.
— 편집조수의 직업 신분증 소지자
로 2편의 장편 프랑스 영화에 참여하
고, 그리고 단편 프랑스 10편에서 편
집기사의 경력이 있어야 한다.
— 페미스의 편집 분야 이수증 소지
자로 편집조수 직업 신분증 소지자이
며 3편의 프랑스 장편 영화 참여자여
야 한다.

면서 검토·재검토·분석·재분석된다. 뷰어는 파인더 상을 통해 다양한 흐름으로 이미지와 음향을 보고 듣게 해주고, 이미지들을 정지시켜서 하나의 프레임 단위까지 정확하게 검색할 수 있게 하는 기계이다. 편집기사는 시나리오상의 스토리와 분위기를 극적으로 고양시킬 수 있는 일관된 서사성을 필름에 부여해야 한다. 영화의 리듬은 필름의 불필요한 곳을 잘라내고, 필름 순서를 바꾸어 재결합시키는 편집의 묘에 달려 있다.

편집기사는 또한 한 장면에서 다른 한 장면으로 넘어가는 순간에 최상의 전이들을 찾아야 한다. 이 작업에 성공하려면 감독의 오리지널 아이디어와 창작 세계를 구현해 낼 수 있는 예술적인 감수성과 미학적 감각이 있어야 한다. 편집기사는 감독과 밀접한 협력하에 일한다. 감독은 우선 일단 후퇴해서 자기 필름의 주도권을 편집기사에게 넘긴다. 하지만 편집기사는 자기 세계에 흠뻑 빠져 있는 감독의 필름에 외적·객관적 시선을 던지면서도 감독이 자기 필름을 구조화할 수 있도록 돕는다. 여기서 감독은 더 직접적으로 감독 자신의 주관을 나타낼 수도 있고, 혹은 더 후퇴하여 편집기사의 경험과 재능에 자기 필름을 일임할 수도 있다. 감독 못지않게 편집기사의 편집 단계를 가까이 지켜보는 제작자들도 많다.

편집기사 아녜스 기유모에 따르면 "감독이 원하는 바를 공유하기 위해서는 감독과 깊은 공모 관계가 만들어져야 해요, 또한 영화 자체가 말하는 것을 포착해 내기 위해서는 열정적인 주의력이 있어야 하고요. 편집은 뭣보다 필름의 길이에 손을 대는 일이에요. 편집에 따라 구체적인 필름 상영 시간이 결정됩니다."(《리베라시옹》, 1996년 9월 12일)

영화의 리듬은 편집기사의 손에 달려있습니다. 경우에 따라서 영화감독이 영화의 새로운 방향을 잡아낼 수도 있는 마지막 성찰의 단계이지요.

디지털 편집기는 편집기사의 일을 컴퓨터의 세계로 확장시켰다. 따라서 이제 뛰어난 편집기사들의 필름 수작업은 소멸될 위험에 처했다. 컴퓨터가 편집 테이블을 대체한 것이다. 컴퓨터는 편집 효과 다양성의 확인을 손쉽게 해주었고, 게다가 작업 속도를 신속하게 만들었다. 제작자들로서는 이렇게 시간을 벌어들이는 게 여간 매력적인 게 아니다. 그러나 영화를 위해서 디지털 컴퓨터 편집이 꼭 유익하지만은 않다. 6-8개월이 걸리곤 하는 고전적 편집 방법은 사실상 영화의 마지막 버전에 도달하기 위한 감독과 편집기사 사이의 중대한 성찰의 시간이기도 하기 때문이다.

■ 교육: 페미스와 방송 기술과 극예술국립고등전문학교(INSAS)는 편집 전문 과정을 개설하고 있다. 사립영화학교들에도 편집 과정이 있다. 이 분야에서 실습은 아주 중요하다. 이상적인 것은 편집기사들 곁에서 여러 번 연수를 하는 것이다. 그래야 편집 조수가 되기 전에, 편집기사가 되기 전에 편집기사의 직업을 이해하게 한다.

• 특수 효과와 컴퓨터그래픽(CG)

영화 제작비 예산에서 특수 효과 파트와 컴퓨터그래픽(CG)의 몫은 끊임없이 증가하고 있다. 국립영화청에서 실시한 경제예측정보국(Bipe)의 연구에 따르면 특수 효과와 CG 시장은 매년 40%씩 성장하고 있다. 미국 영화들 중의 3분의 2는 CG의 도움을 받아 만들어진다. 《스타워즈 에피소드 I》은 2천 개의 숏 중에서 1천9백70개의 숏이 가상 이미지이다!

특수 효과는 카메라로 실제 찍을 수 없는 이미지들을

영화는 점점 가상의 무대 장치를 사용하고 있기 때문에 현재 정보기술(IT) 전문인들에게 많은 취업로를 제공하고 있습니다. 스크린상에 실제와 같이 나타나는 모형 무대와 특수 효과들은 영화 제작자들에게도 시간과 돈을 절약하게 해주고요.

사실처럼 구현할 수 있다. 그렇다고 해서 특수 효과가 공상 과학 영화하고만 운명을 함께한다는 것을 뜻하지는 않는다. 트릭은 영화의 모든 장르들에 걸쳐 활용되면서 어떤 경우에는 제작비를 상당히 절감하게도 한다.

뤽 베송의 《잔 다르크》(2001)를 위해서 수백 미터 길이의 오를레앙 성벽은 컴퓨터 합성 이미지로 제작되었다. 디지털 세계의 활용은 막대한 시간과 돈이 드는 무대 배경을 건축하지 않아도 되게 만들었다. 컴퓨터 그래픽디자이너는 오직 혼자서 10여 명의 무대 노동자와 기술자의 역할을 감당한다.

기능이 점점 더 확대되어 가는 컴퓨터와 소프트웨어들 덕분에 전문가들은 별의별 이미지를 모두 창조할 수 있다. 컴퓨터그래픽디자이너라는 이 새로운 기술자들은 생생한 인간들을 만들기 위해서 근육의 해부학과 기능까지도 연구한다. 그들은 세심하게 동물과 인간을 움직이는 골격 구조와 운동 시스템을 관찰한다. 최대 한도로 현실에 가깝게 자연스런 이미지를 그려내기 위해서이다.

그들에게는 이제 인간을 완벽하게 재현하는 것만 문제가 된다. 인간의 피부, 머리카락, 근육 움직임에 대한 연구 성과가 아직도 완벽하게 포커스가 맞지는 않기 때문이다. 영화 만들기에 있어서 제작비는 원초적인 부담이다. 하지만 컴퓨터 이미지 작업은 간단하게 큰돈 들이지 않고서도 화면에서 스턴트맨을 비끄러맨 케이블 밧줄을 지우거나, 배우의 연기 장면에 가상 배경을 끼워넣거나 할 수 있다.

새로운 경제 원천

특수 효과는 실제로 촬영할 경우 비용이 엄청나게 드

뤽 베송 감독의 《잔 다르크》를 찍기 위해서 수백 미터 길이의 오를레앙 성벽은 재건축되었습니다. 그러나 그 성벽은 컴퓨터 합성 이미지로 재건축됐답니다.

는 장면들을 카메라에 담기 위해서 모형들에 도움을 청한다. 다른 특수 효과들은 컴퓨터 이미지로 창조되고 변형된다. 가상 이미지의 창조는 연구와 관찰을 필요로 한다. 특정 도시나 특정 장소를 정확하게 복구해 내기 위해서는 현장 답사를 하거나 사진을 찍어야 한다.

트릭 전문가들인 컴퓨터그래픽디자이너는 가상 이미지를 창조하는 컴퓨터 도사들이다. 그들은 5-6초에 불과한 화면을 만들기 위해서 하루 종일 컴퓨터에 들러붙어 몇 개월간을 보내기도 한다. 그들의 하루 작업량은 8시간 노동이라는 일반적인 조건을 훨씬 초과한다. 왜냐하면 컴퓨터라는 새로운 일터는 통상적인 개념의 시공간을 초월하는 직장이기 때문이다.

■ 교육: 특수 효과 작업은 컴퓨터 분야의 기사들, 또 예술학교 출신의 그래픽아티스트를 필요로 한다. 멀티미디어 그래피즘 분야의 전문학교들이 있다. 이미지와 음향국제학교는 '특수 효과-멀티미디어' 분야를 개설했다. 프랑스의 '특수 효과-멀티미디어' 분야 전문 회사들은 오늘날 그 세계적인 수준을 자랑하고 있다. 가장 주목되는 회사들로는 Duboi · BUF Compagnie · Mac Guff Ligne이 있다.

• 음 악

음악이 깔리지 않는 영화는 거의 없다. 어떤 사람들은 영화에서 음악은 그 자체로 독립적으로 존재해야 한다고 생각하고, 또 다른 사람들은 음악은 이미지의 반주자일 뿐이어야 한다고 주장한다. 그러나 어떤 영화음악들은 영화에서 독립하여 관객의 기억 속에 각인되는 데에 성공

작곡가는 자기 음악을 영화에 깔기 위해서 이미 만들어진 필름의 전반적인 음향을 고려해야 합니다. 그리고 자신의 음악이 필름에 담길 수 있는 시간이 한정되어 있음을 존중해야 하고요.

했다. 대부분의 영화음악 작곡가들은 음악학교 출신이지만 애초부터 영화음악을 목표로 하지는 않았다. 흔히 우연한 기회에 혹은 성공이 그들을 영화음악계로 이끌었다.

음악은 거의 대부분 일단 영화가 완성되고 나서 작곡된다. 작곡가는 자기 음악을 영화에 깔기 위해서 이미 만들어진 필름의 전반적인 음향을 고려해야 한다. 그리고 자신의 음악이 필름에 담길 수 있는 시간이 한정되어 있음을 존중해야 한다. 음악은 이미지와 장면의 분위기 변화와 함께 완벽하게 조화를 이루며 화면에 담겨야 한다. 영화음악가의 작업은 영화의 편집용 필름을 보면서 시작된다. 감독은 작곡가에게 자신이 원하는 음악의 콘셉을 지시한다. 몇몇 기성 음악을 참조물로 인용하는 게 관례이기도 하다. 정확하게 감독 자신의 고유의 욕망을 음악적으로 지시하는 일은 음악적 교양이 풍부해야 가능한 일이다. 그러나 흔히 감독들이 그 정도로 음악적 교양까지 풍부히 갖춘 경우는 드물다. 작곡가의 어려움은 자신이 아닌 타인, 감독의 욕망을 자기 음악으로 표현해 주어야 하는 데에 있다. 감독이 참고하도록 지시한 몇몇 음악들에서 영감을 받으면서도 똑같은 곡을 다시 만들면 안 되기 때문이다. 따라서 영화감독은 작곡가에게 이러저러한 주문 없이 아예 백지 오선지를 던져 줄 수 있어야 한다.

촬영 전에 음악이 어느 정도 나와야 해요

가브리엘 야레드(《개천 속의 달》(1983), 《베티 블루 37°2》(1986), 장 자크 베넥스 감독작의 영화음악 작곡가)는 장 필립과 같은 방식으로 작업하지 않는다. "나는 영화 필름이 완성되기 전에 미리 음악을 만들길 원합니다. 그래서 감독이 내 음악의 느낌을 가지고 촬영에 임하길 바라

이미지에 헌신하기

장 필립
독학한 작곡가, 붐마이크 담당자

> "영화음악은 음향 효과, 묵음 효과, 그리고 말 그대로
> 음악으로 되어 있어요. 이런 것은 모두 이미지와 인상을
> 강하게 부각시키는 역할을 합니다."

나는 음향 녹음 담당자였는데, 딱 한번 영화음악까지 작곡한 적이 있었어요. 영화음악을 만들기 위해서 난 촬영 분위기를 파악하고, 화면 이미지를 그려 보고, 연기자들이 연기하는 방식, 감독의 연기 지도 스타일 등을 전반적으로 폭넓게 관찰했어요. 이 모든 것들은 영화만을 위한 오리지널 작곡일 경우 음악의 색채를 결정하는데 중대한 요소들입니다. 감독은 자신의 영화음악이 음악 전문 방송을 타기를 원했는데, 이럴 경우에는 누군가에게 새로 작곡을 의뢰하는 게 더 낫지요. 유

명 작곡가의 이미 발표된 음악을 가져다가 쓸 경우에는 자기 곡의 방송 저작권을 가지고 까다롭게 굴게 분명하니까요. 나는 "영화음악은 음향 효과, 묵음 효과, 그리고 말 그대로 음악으로 되어 있고, 이런 것은 모두 이미지와 인상을 강하게 부각시키는 역할을 한다"는 원칙을 갖고 있습니다. 음악은 이미지에 봉사해야 해요. 영화음악의 개념 속에는 기술적인 부분과 예술적인 부분이 동전의 양면처럼 함께 있어요. 촬영감독의 시각이미지 만들기 작업처럼요.

는 거죠. 관례와는 다르지만요. (…) 물론 필름 촬영이 끝나면 난 다시 내 음악을 영화 필름에 적용하고 수정할 수 있어요. 마치 돌을 다듬듯이 디테일을 다시 손보는 것이지요……." 플레이야드 음악협회를 통해서 가브리엘 야레드는 몇몇 젊은 작곡가들을 후원하는 일도 한다. 플레이야드 음악협회는 젊은 신인작곡가들과 영화 전문인들과의 만남을 주선하여 서로 알게 하고 협력을 격려한다.

당신이 영화음악에 뜻이 있다면 당신이 작곡한 악보를
플레이야드 음악협회, 9 rue Jean-François Gerbillon,
75006 Paris에 보내면 된다.

■ 교육: 음악학교들은 영화음악 작곡 창작에서 특수
전공을 개설하지 않는다. 어떤 과정들은 단순히 '음악
일러스트레이션'이란 과목을 개설하고 있다.

• 음향기사

촬영장에서 붐마이크맨이 직접 녹음한 음향들은 영화
를 영사할 때에 그 선명도가 떨어지는 경우가 종종 있다.
음향기사는 그런 음향들을 다시 생생히 살려내기 위해서
필름을 반복적으로 영사해 가면서 인위적으로 음향을 재
창조한다. 이따금 음향기사는 기상천외한 수단들을 사용
한다. 짐 가방들 속에 소중히 가지고 다니면서 남에게 잘
보여 주지 않는 물건들로 특별한 음향을 만들어 내는 것
이다. 음향기사의 일은 뭣보다 현장에서 학습되는 직업
이다. 주변의 온갖 소리들에 대해 아주 주의력이 깊고,
상상력이 풍부해야 하며, 관찰력이 있어야 한다. 페미스
의 전신인 국립영화전문학교 이덱(Idhec)은 음향기사 다
니엘 쿠토에게 음향 강의를 해달라고 제안한 적이 있었
다. "나는 이 제안을 거부했습니다. 음향기사가 되는 것,
그것은 우선 천부적인 재능의 문제입니다. 학교 공부로
되는 일이 아니에요. 음향기사란 자기 내면에 메트로놈
이 내장되어 있는 사람을 뜻합니다. 재생산할 리듬을 자
기 내면에서 느끼기 위해서지요."(《영화와 그 직업들》, 미
셸 시옹, 보르다스, 1990)

소리박물관은 영화 산업의 요구에 부응하기 위해서 만

들어졌다. 감독들은 소리박물관에서 아주 희한한 온갖 종류의 음향들을 발견할 수 있다. 빗줄기 섞인 폭우 소리, 혹은 빗줄기 없는 마른 천둥번개 소리, 군사 행진의 분위기, 두꺼비의 울음소리 등……. 이런 음향 컬렉션들이 모여질 수 있는 것은 늘상 새로운 소리들을 노리는 음향기사의 재능과 노력 때문이다. 어떤 소리들은 우연히 채록되기도 한다. 24/25 오디오 음향 컬렉션의 음향기사인 제라르 드 라가르드는 플라스틱으로 된 작은 칩들을 타일 바닥에 얼결에 떨어뜨리는 바람에 특이한 소리를 발견했다고 말한다. (이 플라스틱 칩들은 깨지기 쉬운 물품들을 보호하는 데에 사용되는 물건이다.) 제라르 드 라가르드는 녹음된 그 소리를 갖고 음향 작업을 하면서 값비싼 희귀 보석들이 부딪치는 소리와 일치한다는 것을 발견한 것이다.

■ 교육: 음향기사의 직업은 현장에서 배워진다. 이상적인 것은 비밀 공유를 수락하는 그 분야의 스승 밑에 들어가 배우는 것이다. 1천 편도 넘는 필름에서 음향을 담당한 아르노 노댕은 딕시트 출판사에서 《침묵과 음향 효과》라는 책을 출판했다. 소리박물관에서 일하려면 음향 테크닉 교육을 받고 음향 분야 BTS를 얻는 것이 유리하다.

• 포스트싱크로나이제이션

포스트싱크로나이제이션은 촬영시에 한 녹음 소리를 보존할 수 없을 경우에 어떤 장면들의 음향 테이프를 다시 만드는 일이다. 예를 들면 역사극의 경우에 이따금 음향 테이프의 많은 부분을 음향실에서 다시 만드는 게 필요하다. 필름에 묘사된 과거의 시대와 맞지 않는 현재 외

포스트싱크로나이제이션은 실험실에서 음향 테이프를 '재작업'하는 일을 말합니다. 영화의 음향에 방해 되는 모든 잡음을 제거하기 위해서지요. 이 테크닉은 또한 더빙할 때에도 적용됩니다.

부 환경의 음향을 지우기 위해서이다. 대부분 배우들의 음성이 다른 소음에 지나치게 덮였다든가, 혹은 감독이 배우들의 음성 연기에 만족하지 않았을 경우 포스트싱크 로나이제이션의 방식이 행해진다. 이때 음향기사와 영화 감독은 배우들을 음향 녹음실에 다시 호출하여 음성 연기를 시킨다.

프랑스어를 하지 못하는 배우들의 대사와 외국에서 촬영한 국제 공동 제작 영화들은 녹음실에서 프랑스 배우들이 더빙해야 한다. 이때 사용되는 기술은 포스트싱크 로나이제이션과 거의 일치한다. 이 작업은 더빙 스튜디오 디렉터의 책임 아래에서 실현된다.

• 더빙 스튜디오 디렉터

일단 편집이 마무리되면 믹싱을 책임진 음향기사는 더빙 스튜디오 디렉터와 함께 음향 테이프의 파손된 부분들을 체크해야 한다. 더빙 스튜디오 디렉터는 시나리오와 비교해 가면서 음향 테이프에서 다시 만들어야 할 장면들을 점검한다. 이어서 필름을 다시 보면서 입의 움직임과 일치하는 대사 녹음을 한다. 이때 정확하게 배우의 어조가 반영되어야 한다. 이 작업은 무척 지루하고도 긴 권태로운 과정이다. 그러나 반드시 이 과정을 꼼꼼히 거쳐야 포스트싱크로나이제이션이 제대로 될 수 있다.

사용하기에 부적절한 음향 테이프들 때문에 스튜디오 디렉터는 배우들을 녹음실로 불러 대사 연기를 다시 시킵니다.

음성을 다시 입히기

일단 필름상에 다시 대사를 입혀야만 하는 대목 선정이 끝나면 더빙 스튜디오 디렉터는 배우들과 감독을 녹음실로 다시 불러들입니다. 배우들은 영상을 보면서 감

더빙, 이미지 위에 대사 입히기

프랑시스 비올레트
더빙 스튜디오 디렉터

"나의 작업은 배우들 연기 지도와 엇비슷합니다."

나는 10년간 편집일을 했어요. 그러다가 편집기사를 그만두고 음향기사의 교육 과정을 이수하기로 결정했지요. 이후 난 비정규직 노동자의 신분으로 르포르타주 · 다큐필름 · 텔레필름에서 음향 작업을 했습니다. 그 다음에는 미국 영화 전문 더빙 배우이셨던 아버지의 소개로 더빙 배우의 회로에 들어갔어요. 난 맥 가이버 같은 1백 50편짜리 텔레비전 시리즈물을 더빙하며 더빙 배우 기술의 모든 것을 익혀 나갔지요. 그러면서 난 많은 인간관계를 맺었답니다. 그리고 조금씩 더빙 배우일을 밀쳐두고 포스트싱크로나이제이션 작업을 시작하게 되었어요. 난 예술적 면에서 포스트싱크로나이제이션을 훨씬 흥미롭게 여깁니다. 내가 음향 녹음실에서 배우들과 함께하는 작업은 배우들의 연기 지도와 좀 비슷합니다. 영화감독이 만들어 놓은 작품의 톤에 어긋나지 않게 하면서 말입니다. 더빙 작업에서 감독이라는 작가적 존재는 없기 때문에 사실 더빙 디렉터는 따라야 할 기준점은 없는 셈입니다. 오리지널 텍스트는 이미지와 입술 움직임에 따라서 구현됩니다. 대부분 배급업자는 더빙 작업의 예술적인 측면엔 관심은 없고 우선 작업 비용에 더 신경을 씁니다. 포스트싱크로나이제이션에서 가장 곤혹스러운 점은 배우들에게 다시 장면을 되풀이하자고 말하는 것이에요. 어떤 배우들은 필요한 만큼 여러 번 다시 할 준비가 되어 있기는 하지만 어떤 배우들은 딱 거절한답니다. 그러니 그들의 화를 돋우지 않으면서 다시 해야 한다고 설득할 줄 알아야 해요. 난 대배우 피에르 아르디티에게 한 번 더 녹음을 해야 한단 말을 결국 못하고 만 적이 있어요. 결국 난 그러지 못한 내 가슴을 치며 날 자책했지요. 그의 대사를 편집실에서 다시 편집하기 위해 날밤을 새우고 말았으니까요.

독과 더빙 스튜디오 디렉터의 지시에 따라 대사를 친다. 이때 더빙 스튜디오 디렉터는 배우의 대사가 화면의 이미지와 일치하는지를 점검하고 결정해야 한다. 이어서 더빙 스튜디오 디렉터는 음향 편집기를 이용해 사전에 녹음된 배우의 대사를 영상 이미지 위에 완벽하게 동조시킨다. 그래서 더빙 스튜디오 디렉터는 편집기사로 지칭되기도 한다.

■ 교육: 포스트싱크로나이제이션을 위한 특수 교육 과정은 없다. 이 분야의 테크닉은 음향기사 혹은 음향 편집인들이 배워야 할 테크닉을 이수하는 것으로 충분하다.

• 믹싱

믹싱 작업은 영화 제작 과정에서 최후의 단계이다. 믹싱기사는 촬영 때에 그리고 포스트싱크로나이제이션 작업에서 녹음된 모든 소리들을 뒤섞는 일을 한다. 믹싱 담당자는 필름의 각 신들의 상황을 존중하면서, 즉 촬영 때에 카메라와 배우들의 거리 등을 고려해 온갖 음향을 조화시켜야 한다. 배우들의 음성은 액션이 펼쳐지는 장소(성당, 방, 야외 등등)에 따라서, 혹은 프레임의 크기(클로즈숏, 롱숏)에 따라서 더 크게 증폭시키든가 혹은 더 선명하게 조절된다.

믹싱 작업은 음조화 감각이 뛰어난 음향기사에게 맡겨집니다. 이것은 영화 만들기 작업에서 마지막 단계입니다.

이따금은 포스트싱크로나이제이션 단계에서 다시 만들어진 대사들이 촬영 현장의 분위기 음향과 조화를 이루기 위해서 삭제되거나 음량이 재조절되는 경우도 있다. 이런 모든 일을 위해서 믹싱 담당은 자기 앞에 필름의 모든 소리가 담긴 음향 테이프를 놓고, 또 한편에는 공

테이프를 하나 놓는다. 이 텅 빈 릴 테이프에 믹싱 담당 자신이 보존하고자 하는 모든 음향을 녹음하는 것이다.

• 자막

외화의 경우 일부 관객들은 더빙된 버전의 영화보다는 오리지널 버전을 유난히 고집한다. 프랑스는 외국어 필름들을 위한 더빙과 자막을 꼬박꼬박 사용하는 아주 드문 나라들 중의 하나이다. 프랑스식 전통의 자막넣기는 그 역사가 꽤 오래이다. 프랑스 자막 회사 중 가장 오랜 곳은 티트라 필름으로 1933년에 창립되었다. 프랑스 제작사와 외국 제작사들은 흔히 티트라 필름에 자막 처리를 맡긴다. 보통 자막 프린트 한 벌을 만드는 가격은 2만 5천 프랑에서 3만 프랑이 나간다. 완성본 프린트에 이르려면 여러 단계의 작업들이 필요하다.

• 자막기사

자막기사는 텔레시네, 즉 텔레비전 방영용으로 전환시킨 35밀리 영화에 관계되어 있다. 그는 특수한 소프트웨어를 사용하여 장면 흐름에 맞추어 대사 자막의 시작과 끝을 정한다. 자막의 길이는 각기 화면의 지속 시간과 관객의 독해력을 고려해서 결정된다. 그는 적절한 자막의 위치를 잡아서 디스켓에 기록하고, 영상번역가에게 비디오 프린트로 전달한다. 그의 작업은 대략 하루 반 정도 걸린다.

마이
티트라 필름에서 6년 경력의 자막기사

"이상적인 것은 두 언어를 유창하게 말하거나,
체코어 같은 희귀 언어를 아는 것입니다."

나는 굳이 영화 번역과 윤색의 데스 (DESS, 대학의 3기 전문 과정) 과정을 공부하려는 생각은 없었어요. 그래서 미니텔에서 영상 번역가들 주소를 뒤적였는데, 거기서 안 뒤테르와 조르주 뒤테르의 연락처를 발견했지요. 난 바로 전화했고, 직접 조르주 뒤테르와 접할 수 있었어요. 그는 영상번역가의 직업이란 무엇인지를 설명해 주었고, 내게 언어 연수를 권했어요. 나는 1년간 미국으로 언어 연수를 떠났지요. 이 분야에서 이상적인 것은 두 언어를 유창하게 말하거나 체코어 · 러시아어 같은 희귀 언어를 아는 것입니다. 나는 영어 · 독어 · 이탈리아어를 해요. 나는 프리랜서 영상번역가가 되길 희망합니다. 그건 여성들이 아이를 키우면서 재택 근무를 할 수 있는 직업이거든요. 나는 티트라 필름이 내게 꾸준히 제공하는 일거리에 만족합니다. 영화의 다른 직업들과는 달리 난 영상 번역 작업에서 생활 안정의 수혜를 누리고 있는 편이죠. 나는 낡은 고전 영화들의 재편집 같은 일을 특히 좋아합니다. 컴퓨터의 도움은 지난 1980년대말부터 우리에게 옛 필름들의 자막들을 다시 수정할 수 있게 만들어 주었거든요. 이런 일은 영상번역가로서의 자질을 향상시키는 기회가 되고, 이미지의 선명도를 높힐 수 있는 것은 물론 어떤 영화들의 경우에는 작품에 대한 가치를 새롭게 재발견을 하는 기회랍니다.

• 영상번역가

영화의 대사를 번역하는 일은 세심한 노고를 쏟아야 하는 작업이다. 번역가의 일은 비평에 항상 노출되어 있다. 외국 영화의 오리지널 언어 구사 능력이 있는 누군가가 번역된 단어들과 번역에 선택되지 못하고 버려진 단어들에 대해 이러쿵저러쿵 힐난할 수가 있기 때문이다. 게다가 영화번역가는 몇 가지 필수적인 구속 사항을 따르지 않으면 안 된다. 이를테면 자막은 결코 두 줄 이상이 되면 안 된다. 자막의 한 문장이 두 장면에 걸쳐서 처리되어서도 안 된다. 게다가 관객들의 독해 시간을 고려해야 하고, 또 관객층의 평균적인 이해력도 염두에 둬야 한다. 따라서 영상번역가는 자막들이 빨리 쉽게 읽힐 수 있어야 한다는 목표 아래에 분명한 언어 선택을 해야만 한다. 그러면서도 대사의 내용과 분위기를 존중해야 함은 두말 할 필요가 없다. 우디 앨런 영화의 프랑스어 번역가인 자크린 코앙은 영상번역가로서의 몇 가지 어려움을 고백한다. "우린 단어 유희를 해야 해요. 이건 끔찍한 머리 싸움이라고 할 수 있어요. 단어 유희란 문자 그대로 완벽한 번역이 가능한 게 아니랍니다. 더구나 자막들은 관객에게 들리는 오리지널 버전 언어와 모순되면 안 된다니까요."(《교육의 세계》, 1998년 2월)

영화의 대사를 번역하는 일은 수많은 구속 사항들을 지키면서 표현을 살리기 위해 세심한 노고를 쏟아야 하는 작업입니다. 영상번역가의 직업은 숱한 비평에 노출되어 있는 분야이지요.

뛰어난 언어 구사력

번역가가 만든 자막 대사가 디스켓에 기록되면 자막기사는 시험 작업을 한다. 그는 영상 이미지들 위에 번역된 자막을 배열해 본다. 자막들이 각 장면들과 일치하는지, 오자는 없는지, 혹은 통사의 오류나 번역의 오류가 없는지 검토한다. 2시간짜리 필름을 위해서 적어도 5시간의 작업이 필요하다. 검증이 끝나면 이어서 굵은 연필로 각 자막의 시작과 끝을 35밀리 프린트 위에 표시한다. 그러려면 프레임들이 변하는 것을 꼼꼼히 살펴야 한다. 그리고 마침내 자막기사가 연필로 표시했던 기준점들에 따라서 필름 위에 자막을 인쇄한다. 레이저로 박은 자막 인쇄는 다시 수정이 불가능하다.

영화 번역과 각색의 데스 과정은 더빙과 자막 전문 회사들에 의해 아주 높게 평가됩니다.

■ 교육: 자막 작업에 관계된 직업은 적어도 두 가지 언어의 구사 능력이 뛰어나야 한다. 희귀한 언어를 통달했다면 이 분야에서 성공패를 갖춘 셈이라고 할 수 있다. 영상번역가들은 일반적으로 외국어의 학사 과정 이수자이다. 낭테르 파리10대학은 영화 번역과 긱색의 데스 박사과정의 전문 직업인 양성코스 과정이 개설되어 있다. 이곳 프로그램과 수료증은 더빙과 자막 전문 회사에 의해 아주 높게 평가된다.

IV

영화 완성 후의 직업들

• 배급업자

배급은 영화 산업의 중요한 고리이기는 하지만 생각같이 영화일에서 수익성이 가장 큰 사업은 아니다. 프랑스에는 1백50여 개의 배급사가 있는데(흔히 제작사도 겸한다), 무수히 많은 소배급사(PME)들과 단 한줌의 메이저 배급사들로 되어 있다. 배급 시장의 55%는 프랑스 3대 메이저가 차지하고 있다. 이 선두 트리오 속에는 UGC와 폭스사를 결접한 UFD가 있고, 고몽과 부에나 비스타(디즈니의 계열사)를 포괄하는 GBVI가 있으며, 드림웍스(스티븐 스필버그), MGM, 파라마운트와 유니버셜의 영화들을 배급하는 UIP가 있다.

배급업자는 우선 영화를 개봉시키고 흥행시키기 위해서 과감히 투자를 해야 합니다. 배급업자는 투자금의 회수 가능성에 대한 뚜렷한 확신도 없이 이따금 촬영 전에 계약하는 위험을 감수하기도 하지요.

티켓당 12프랑에서 15프랑은 배급자 몫으로!

프랑스 3대 메이저 배급사들 중의 두 곳은 영화관 경영업도 겸하고 있다. 중소 규모의 배급업자들은 이 초대형 회사들에 맞서서 흔히 '작가주의' 영화로 불리는 자사 영화들의 상영관을 잡기가 어렵다. 제작자와는 달리 배급업자들의 수입은 극장 입장객에 달려 있다. 그는 입장료의 20%에서 25% 정도의 배당금을 취하는데, 그건 티켓당 12프랑에서 15프랑 정도가 된다.

배급업자는 돈을 벌기 위해서 우선 영화를 개봉시키고 흥행을 위해 추가 투자를 하지 않을 수 없다. 프린트(영화 복사본) 제작, 마케팅비(언론 홍보 담당, 포스터 디자인과 제작, 홍보 공간 확보, 예고편 제작, 이동……). 배급업자는 자기 영화를 극장에 붙여 달라고 영화관 경영인과 협상한다. 그리고서 배급업자는 프린트를 몇 번 정도 제작할지를 결정한다. 프린트수에 따라서 흥행 예산은 짜여진다. 배급업자는 영화 제작 총액의 10분의 1을 탁자 위에 미리 준비하고 있어야 한다. 따라서 제작비가 2천4백만 프랑이 든 영화를 배급하기 위해서 배급업자는 대략 2백50만 프랑을 준비하고 제작사와 계약해야 한다.

이따금 배급업자는 기획 단계에 있는 작품을 놓고 배급 계약을 맺기도 한다. 쏟아부은 돈을 회수할 수 있으리라는 아무 보장도 없이 제작비의 일정 부분을 미리 투자하는 입도선매 지불금(전문 용어로 **MG**라고 하는 최소 개런티) 형식으로 제작에 참여하는 것이다. 왜냐하면 영화의 흥행 여부는 이 분야의 전문가들도 예측하기 힘들 정도로 불가측성이 농후하기 때문이다. 1987년 펄시 애드

■ 국립영화청의 배급업자 지원 정책 ■

■ 중소 배급업자들을 지원하기 위해 국립영화청은 일련의 조치들을 마련해 놓았다.

■ 1980년부터 영화관 경영인들은 텔레비전 채널에 관객을 빼앗겨서 관객 수가 급격히 감소할 때 국가의 재정적 지원금(4백50만 프랑)을 이용했다. 쇄도하는 미국 영화에 위축되어 있던 제작자들도 6억 프랑의 혜택을 입었다. 반면 배급업자들에 대한 지원은 8천만 프랑에 그쳤다.

■ 1998년 관객수의 증가는 국립영화청의 배급업자 지원 예산이 3천2백만 프랑으로 감소하는 결과를 빚었다. 영화청은 이 예산으로 배급업자들에 대한 지원을 늘리는 데에 충당하기로 결정했다. 따라서 앞으로는 배급업자들이 가장 꺼리는 '어려운' 영화들, 즉 예술성 높은 영화들에게 혜택이 돌아갈 것이다.

달리 말해서 영화가 관객 동원에 성공하면 할수록 배급업자는 국립영화청에서 도움을 덜 받게 될 것이다.

파비엔 보니에
영화 배급업자 겸 제작자, 피라미드사 대표

"배급은 견디기 힘들 만큼 만성적으로 허약한 상태입니다."

파비엔 보니에는 스트라스부르에서 루이 말의 예술 영화 상영관의 경영인으로 데뷔했다. 그런 한편 그녀는 대학에서 강의했고, FR3 지역방송에서도 일했다. "나는 이 직업을 아주 좋아했어요. 작품을 선택하기, 관객을 맞이하기, 입장 수입 계산하기, 혹은 필요할 때면 달콤한 과자를 파는 일, 이런 것들 모두가 나의 일의 일부분이었지요." 그러한 일들을 하면서 그녀를 고취시켰던 유일한 것은 영화에 대한 정열을 관객과 함께 나누는 것이었다. 루이 말이 미국으로 떠나고 영화관이 파테 영화사로 팔리자 파비엔 보니에는 스트라스부르를 떠나기로 결심했다. 그녀는 UGC 그룹에 들어갔고, 론 알프스 지방의 2백 개의 영화관 경영을 지휘했다. 이어 MK2에서 마린 카르미츠와 합류해서 배급에 전념했다. 3년 후 그녀는 MK2를 떠나서 2명의 직원과 해외 배급 판매사 피라미드를 설립했다. 피라미드는 얼마 후 공동 제작 사업에 투신하게 된다. "지난 10년간을 특징짓는 사건은 프랑스의 두 대형 배급사와 미국 영화사와의 합병입니다. (…) 만일 우리 같은 배급업자와 제작자들 사이에 필름 개봉 날짜를 조율할 수 있는 신사 협약을 맺을 수만 있다면 사람들은 복마전 같은 이 세계에 대해 속속들이 알게 되었을 거예요. 배급자들은 영화 제작에 종속되어 있습니다. 소배급업자들은 대형 블록버스터들이 집중적으로 개봉되는 시기에는 극장조차 잡기 버겁고요(…). 그럼 해결책이 없냐구요? 있지요! 그건 할리우드 블록버스터들을 프랑스어로 더빙하지 않은 채 오리지널 버전으로 상영하는 것이지요! 어설픈 관용주의로 우리는 미국 영화인들에게 내 집 곳간 열쇠를 넘겨 주고 말았다니까요." (《라 트리뷴》, 1999년 5월 12일, 《국립 영화청 정보지》 270호, 1998년 9월)

런 감독의 《바그다드 카페》는 깜짝 성공의 대표적인 예이다. 60만 프랑에서 90만 프랑 사이의 가격으로 사전 계약한 이 영화는 개봉 후 배급업자에게 투자금의 무려

40배에 달하는 이익을 안겨 주었으니깐!

배급업자는 따라서 영화를 개봉하기 전에 곰곰이 따져 볼 점이 많다. 어떤 영화관들을 잡아야 할지 알기 위해서 흥행 시장의 판도를 알아야 한다. 또한 배급업자는 미디어들을, 영화 잡지들과 영화 관련 특별 방송들의 책임자들과 접촉해야 하고, 무엇보다도 개봉 일자를 결정하기 위해서 경쟁 상대인 다른 영화들의 개봉 일정들을 정기적으로 체크해야 한다.

프랑스 영화 쿼터

배급업자로서는 미국 영화가 선점하는 영화 시장에서 프랑스 영화를 개봉시키고 영화관 경영인들에게 1주 이상 상영하도록 설득하기 위해서는 기지를 발휘할 줄 알아야 한다! 피에르 그리즈 배급 회사 사장 모리스 탱샹은 로랑스 페레이라 바르보사 감독의 《정상인들은 전혀 예

▨ 배급의 청신호 ▨

▪ 배급 회사의 면허를 얻기 위해서 배급 회사는 무역 회사의 형식으로 구성되어야 한다. 부채 없는 총자산은

— 파리 지역에서 활동하는 배급 회사는 최소 40만 프랑이 되어야 하고,

— 북부 지역 · 동부 지역 · 보르도 · 리옹 · 마르세유에서 활동하는 배급 회사들은 50만 프랑이 되어야 하며,

— 실험 영화 분야에서 활동하는 배급 회사는 5만 프랑이 되어야 한다. (매년 배급 회사의 활동 상황들을 검증한 후에 조정이 가능한 허가 조건이다.)

▪ 제작사를 겸한 배급 회사들에 대한 요구 자산은 제작사에게 요구되는 자산에 배급 회사들에 대해 요구되는 자산의 절반을 합친 자산이다.

정보처: 국립영화청

외적인 것이 없다》, 로베르 게디귀앙 감독의 《인생에 죽음에》 같은 작가 영화들을 배급한다. 그는 이런 영화들을 가지고 장기 상영관을 잡기는 무척 어렵다고 토로한다. "영화 개봉 전에 영화관 경영인들과 협상을 벌여 상영 일자와 상영 기간에 대해 합의합니다. 그렇지만 첫 1-2주간에 충분한 입장객을 영화가 끌어들이지 못하면 그 합의는 무용지물이 되어 버립니다. 나는 물론 소송을 걸 수도 있을 겁니다. 그러나 영화관 경영인과 충돌하는 건 결국 내게 이익이 되지 않아요. 다음 작품을 가지고 또 그를 만나야 하거든요. 더욱이 이러한 시장 논리에 의한 영화관 경영 시스템은 소형 영화들에는 적용되지 않습니다. 마니아들의 입선전에 의지할 수밖에 없는 소형 작가주의 영화들은 일정 기간 상영이 유지되어야 해요. 5일 내내 상영 대신 하루에 한 차례 상영하면서 장기간 상영하든가 하면, 그 영화들은 훨씬 더 좋은 흥행 성적을 낼 수 있을 겁니다. 대형 극장주들은 유럽 영화들 일정 편수를 의무적으로 상영해야 하는 쿼터 법규도 위반한답니다. 그저 1주간만 달랑 간판을 걸어 놓을 뿐이지요."

어떤 작가주의 영화들은 입선전만으로도 알려질 수 있습니다. 그러기 위해서는 오래 간판이 걸려 있어야 하지요. 꾸준히 입장객을 확보해야 입선전이 가능하기 때문입니다. 그러나 영화관 경영자들은 첫 1-2주간에 입장객이 별로 없으면 그런 영화의 간판은 여지없이 바로 떼어 버린답니다.

뻔히 아는 위험에 도전하기

배급업자로서 돈을 버는 일은 간단치 않다. 제작자는 영화가 크게 실패해도 비디오 판권과 텔레비전 방영권으로 만회할 수 있다. 하지만 배급업자에게는 그저 실패로 끝날 뿐이다.

배급업자는 프랑스에서 배급권을 획득한 외국 영화를 배급할 수 있다. 또한 박스 오피스를 폭발시킬 귀한 진주를 발굴해야 한다. 그런 진주를 찾기 위해서 배급업자는 세계의 영화제들을 섭렵해야 한다.

장 자크 슈포리앙스키
발자크 영화관 관장, 1, rue Balzac, Paris 8구

"나는 19세기 문학 살롱들과 같은 문화 생활을 위한
공간이 현대에도 존재한다고 믿습니다."

슈포라는 애칭으로 불리는 장 자크 슈포리앙스키는 독립 영화관 경영인들의 스타이다. 비록 잠시 동안 외도를 하며 영화관 경영인에서 벗어나려고 애쓰기도 했지만, 운명은 그의 발걸음을 영화관으로 되돌려 놓았다. 1935년 파리에 발자크 영화관을 연 사람은 슈포의 할아버지였다. 오늘날 발작은 세 군데 체인을 운영한다. 사실 그동안 슈포는 여러 번 파산 선고를 할 뻔했다. 그러나 해결책을 찾아냈고 결국 오늘날의 성공을 가져왔다. 그의 신조는 영화관은 삶의 장소이자 예술적 표현의 장소라는 것이다. 그의 성공 비결은 축제 분위기의 고취이다! 스스로 자처하듯이 '감독들의 메신저'인 그는 관객을 직접 만나기 위해 영화관에 오는 걸 주저하지 않는다. 관객에게 감사를 표명하고 영화를 프리젠테이션하고, 이웃 영화관들에서 파는 끔찍한 팝콘들 대신에 커피와 케익을 맛보도록 초대한다. 예리한 마케팅 연구를 통해 슈포는 자기 영화관 관객의 범주를 파악해 놓았다. "편안한 생활 수준을 갖춘 상류급, 개방적이며 친화력이 있다"라고 말이다. 그는 클럽 '발자크 영화관의 친구들'을 만들고 테마 파티들을 연출했다. 파티 프로그램에는 영화·전시회·음악, 그리고 뷔페식 식사, 그리고 러시아식 밤을 위한 페트로시앙 콩쿠르가 짜여져 있다. 다음번 파티는 피에르 가네르의 주도로 열릴 것이다. 자신의 관객을 유별나게 챙기는 장 자크 슈포리앙스키는 어린이들도 잊지 않는다.

"발자크 영화관의 미래는 현재 관객의 후예들이 이어가야 한다. 바로 그래서 나는 초등학교와 중학교에서 어린이·청소년들을 위한 활동들을 기획하는 것이다. 어린이들과 성인들에게 영화를 보러 가고픈 욕망을 불러일으켜야 한다. 그러기 위해서는 멀티콤플렉스 영화관들이 하듯이 포스터만 붙여 놓고 매표소 뒤에 앉아 있는 것만으론 충분치 않다. 관객은 변했다. 그들이 영화관을 선택한다. 그렇기 때문에 차별화 전략이 필요하다. 그렇지 않으면 곧 독립 영화관들은 사라지고 말

것이다." 발자크 영화관은 다른 실험 영화관들처럼 보조 지원금 덕분에 살아간다. 집세를 지불하기 위해 슈포리앙스키는 연간 20만 명 입장객수를 채워야 한다. "나는 영 계산과는 거리가 멀어요. 하지만 특별 심야 상영과 아침 상영을 기획해서 최대한 수익을 올리려고 노력합니다. 국립영화청의 도움이 일과 병행되어야 해요. 나의 많은 동료들처럼 독립영화청의 지원에만 목을 빼고 있어서는 안 됩니다." 그들 대부분에게서는 곤경을 극복하려는 자세를 찾아보기 힘들다. 한편 배급자들과의 관계도 결코 쉬운 게 아니다. "유명하지 않은 작품의 프린트는 얻기 쉬워요. 그러나 일단 성공하고 나면 배급업자들은 입장이 돌변해 우리보다 대형 극장주들에게 자신의 영화를 배급하길 선호하지요. 가장 견디기 힘든 부류의 인간은 자신을 과신하면서 다음에도 대형 극장주들에게 알짜배기 흥행 영화를 공급할 수 있다고 떠벌이는 사람들입니다." 영화 사랑에 푹 빠진 슈포는 자기 관객에게 재능 있는 새로운 영화인들을 발견시키는 데 몰두하고 있다. 켄 로치·알모도바르·마뉘엘 푸아리에·세드릭 클라피슈·웡카르 아이 등이 그가 발굴한 감독 목록이다. 슈포는 샹젤리제의 이웃 영화관들의 확장주의에 맞서 자기 세력권을 방어할 줄 안다. "나는 영화의 식도락을 창조하고 싶어요. 모든 사람들이 맥도날드만 먹는 일을 피하기 위해서이지요!"

■ 교육: 이 직업은 인간 관계와 영화 산업 분야들에 대한 해박한 지식 위에 기초해 있다. 별도의 교육 과정은 존재하지 않는다. 중요한 것은 영화를 사랑하고, 영화를 알며, 배급에 투신하기 전에 여러 다른 포스트들에서 이를 악물고 단련되어야 한다는 것이다. 경제와 마케팅 분야에서의 기초 실력이 있다면 더 유익할 것이다.

• **영화관 경영인**

프랑스에는 1999년 1천6백 개의 자치구에 4천6백59

개의 영화관이 있었다. 1960년대에 영화관들은 관객들의 발길이 줄고 대중의 관심권에서 벗어나는 현상에 직면하여 점점 더 황폐화되었다. 당시 UGC의 최고 경영자이며 극장 경영인협회장인 장 샤를 에드린은 다양한 크기의 좌석 수를 갖춘 콤플렉스 영화 상영관의 창설을 제안했다.

라틴 가의 트루아 뤽상부르 영화관이 그런 장르의 영화관으로는 처음 개관됐다. 하지만 현재 아니러니컬하게도 이 영화관은 세 대형 영화사, UGC·고몽·파테의 멀

■ 툴루즈에 영화관 경영전문학교 개교 ■

■ 아비뇽에 4개의 영화관, 툴루즈에 3개 영화관, 그리고 보르도에 5개 영화관을 가진 안 마리 포콩과 미셸 말라카르네는 유토피아 영화관들의 관장들인데, 2001년 툴루즈에 과감히 교육센터를 열었다. 이 '유토피아학교'는 비정형적인 방식으로 이미 진가를 발휘했다. 얼마 전부터 파리 지역에 속하는 생캉로몬의 다섯 영화관들은 독립적으로 운영되기 시작했다. 유토피아의 두 설립자는 동시에 두 가지 일을 감당하기 힘들기 때문에 이 영화관들 운영 부담에서 벗어나기로 결정한 것이다. 이미 그들의 수고로 세워진 그룹은 영화관 운영에 있어서 입찰 규정서의 준수를 약정하고 협회를 구성했다.

■ 이 학교의 "목표는 상영 프로그램 편성을 배우고, 영화 관객을 대상으로 한 신문을 발간하며, 특히 영화 시장의 대다수를 선점하는 대형 배급회사들의 강력한 회로에 저항하는 법을 배우게 하는 것이다. 대안적 배급회로를 뚫을 인재가 필요하다. 그러나 현재는 영화관 운영을 원활하게 하는 사람들이 부족하다. 그래서 영화관 경영의 뉴페이스를 육성해야 한다." 이 미래의 영화관장들 혹은 영화관 기획자들의 프로필은 어떤 틀에 묶여 있지 않고 각양각색이다. 의지, 호기심, 그리고 관용은 이 세상의 모든 자격증보다 더 나은 것들이다.

티플렉스과 전투를 개시하기 직전의 독립 영화관들과 같은 처지에 놓여 있다. 이들은 관객들에게 한 영화관에서 15여 개의 상영실을 제공한다. 그러니까 가장 최대의 영화 선택권을 제공하는 셈이다.

멀티플렉스와 예술 영화관

영화관 경영의 이 두 유형은 서로 다른 세계로 그 안의 전문 경영인도 다르다. 멀티플렉스의 조직은 방대하다. 멜티플렉스 영화관의 사장은 15명 안팎으로 이루어진 팀을 이끄는 관리자, 게다가 전국 극장 체인(UGC · 고몽 · 파테)의 회계를 위해서 더 많은 직원(극장 종업원들, 기술팀장, 영사기사……)들을 관리하는 고위 관리자이다. 그는 또한 입장객 수익뿐 아니라 바와 과자 가게의 수익도 관리한다. 프로그램 편성은 그가 속한 부서의 프로그래머에 의해 짜여진다.

이와 달리 예술 영화관의 사장은 '전천후'이다. 대부분의 경우 사장이 직접 프로그램을 짠다. 그는 최소 인원으로 자기 회사를 경영한다. 그는 세입자이거나 건물주이다.

프랑스의 3대 대형 영화관 경영인은 또한 배급업자이기도 하기 때문에 이들로서는 흥행 대작들로 프로그램을 짜는 게 예술 영화관에 비해 훨씬 수월하다. 이런 점이 독립 영화관들의 영화 유치 경쟁을 치열하게 만드는 요인이다.

국립영화청이 선정해 주는 '실험 예술' 영화

영화관 경영인이 하는 일은 우선 상영 프로그램을 짜는 것이다. 그러기 위해서 그는 자신이 원하는 영화들을

1997년에서 1998년까지 멀티플렉스(12개 이상) 영화관은 4백42에서 5백74개로 증가했습니다. 같은 시기에 예술 영화관들, 즉 독립 영화관들의 수는 8백4개에서 7백32개로 줄어들었고요.

일단 선택하고, 그 영화들의 배급자와 상영권을 놓고 협상한다. 그래서 프로그램이 결정되면 영화 상영 후 관람객 수치를 산정한다. 이 결과에 따라 영화관 경영인은 배급업자에게 관람료 총액의 일정 부분을 지불한다. 첫 주간에는 50%, 두번째 주간에는 45%…… 등등이다. 이런 시스템은 배급업자가 영화관에 자기가 배급하는 영화를 가능한 한 오래 상영하도록 유인할 수 있다. 영화들 가운데 '실험 예술' 영화라는 명칭을 부여하는 것은 국립영화청이다. 사실 '실험 예술' 영화에는 그다지 관객이 많이 들지 않는 게 엄연한 실정이다. 따라서 이 범주의 영화를 상영하는 독립 영화관들은 감세 혜택과 특수 재정 지원금 혜택을 받을 수 있는 권리가 부여된다. 그렇다고 독립 영화관의 프로그램이 모두 다 '실험 예술' 영화만으로 채워지는 건 아니다. 이런 독립 영화관 경영인은 국립영화청의 혜택을 받는 대신에 상영 프로그램을 정할 때에 반드시 프랑스실험예술영화협회에서 선정한 영화들의 상영 쿼터 비율을 지켜야 한다.

■ 교육: 영화관 경영인을 위한 특수한 교육은 따로 없다. 영화관 경영인의 업무는 현장에서 배우는 것이다. 예를 들어 영화 상영실, 씨네 클럽 등에서 일하면서 말이다. 파리에 새 영화 상영관을 개업하는 일은 바람직하지 않다. 파리의 영화관 주차장은 이미 포화 상태여서 더 개발할 여지가 없기 때문이다. 그래서 파리에서는 폐업한 영화관을 재구입하여 영화관 사업을 시도하거나 아예 지방에 자리를 개척하는 게 더 낫다. 그 어느 경우에도 도전의 결과는 미리 알 수가 없다. 온갖 장애물을 뛰어넘기 위해서는 강한 의지와 인내심만이 필요할 뿐이다.

'실험 예술' 영화라는 명칭은 국립영화청이 제시하는 것으로 이 범주의 영화를 상영하는 독립 영화관들은 감세 혜택과 특수 재정 지원금 혜택을 받을 수 있는 권리가 부여됩니다. 그 대신 이런 독립 영화관 경영인은 자기 극장의 상영 프로그램을 정할 때에 반드시 프랑스실험예술영화협회에서 선정한 영화들의 상영 쿼터 비율을 지켜야 하지요.

• 영화관 프로그래머

일부 영화관들은 기업형 영화관 체인에 속해 있다. 그래서 그런 영화관들의 프로그램 편성은 여러 영화관들을 함께 운영하는 한 프로그래머가 담당한다. 물론 이런 프로그래머는 자기가 책임진 영화관들의 잠재 관객들을 끌어 모을 수 있는 영화들을 선정하기 위해서 새롭게 쏟아져 나오는 모든 영화들을 샅샅이 훑어보아야 한다.

영화관 프로그래머는 1년 중 몇 개월간은 대박을 터뜨릴 만한 영화들을 찾아내기 위해 전세계의 영화 축제들을 휩쓸고 다녀야 한다. 거기서 관객의 반응을 미리 예측해볼 수 있기 때문이다. 관객의 선호도를 분석한 연후 프로그래머는 상영할 영화를 선정하고, 배급업자들과 프린트(영화 카피) 수, 즉 영화를 붙일 영화관수를 협상한다.

■ 교육: 특별한 교육 과정이 따로 없다. 프로그래머의 업무는 제작자·감독·배급업자, 그리고 영화관 경영인으로 이루어진 영화의 지정학에 대한 충분한 지식을 필요로 한다.

• 영사기사

영사기사의 업무는 많은 변화가 있다. 영사 기계의 자동화가 이 일을 무척 단순하게 만들었기 때문이다. 과거에는 위험이 없지 않았다. 석탄을 태워서 돌리는 영사기들에서는 불꽃이 튈 수 있었고, 필름에 불이 붙는 경우 걷잡을 수 없는 화재가 발생할 수도 있었다. (영화 《시네마 천국》의 화재 시퀀스같이 말이다.) 하지만 오늘날엔 전

영사기사들은 밤에, 주말에 그리고 공휴일에 더 분주하답니다. 사람들은 그런 날에 더 영화관으로 몰리니까요.

기 영사기들과 함께 그런 위험은 사라졌다.

릴 테이프 연결 작업은 이제 안녕!

전통적으로 영사는 두 지점에서 일어난다. 나란히 배치된 2개의 영사기 중 첫 영사기의 릴 테이프가 다 돌아가면 바로 이어 두번째 영사기의 릴 테이프가 돌아갔다. 한쪽에서에서 다른 한쪽으로의 이행은 단절감 없이 부드럽게 넘어가야 했다. 이것은 영사기사가 할 몫이었다. 그러나 근래에 등장한 멀티플랙스 영화관은 영사기사가 할 일을 바꾸어 놓았다. 멀티플랙스 영화관에서 영사기사는 여러 편의 영화를 동시에 틀어 준다. 필름들은 릴의 교환 없이 연속적으로 영사되기 때문에 영사기사는 필름의 시동만을 확실하게 하면 된다.

수요일을 준비하기

영사기사의 업무는 수요일을 위한 새로운 프로그램을 준비해야 하는 주초에 집중된다. (프랑스에서는 수요일에 새 영화가 시작된다.) 새로 개봉할 영화의 프린트들을 준비해 놓고, 본 영화가 상영되기 전에 틀어 주는 예고편들과 광고의 테이프들을 영화 프린트에 편집하며, 아울러 편집한 부분이 상영시 다시 끊어지는 사고를 미연에 방지하기 위해서 릴 테이프의 상태를 꼼꼼하게 점검한다. 그리고 영사 기계들이 원활하게 작동되는지를 다시 살피고, 무엇보다도 선명한 포커스와 깨끗한 사운드를 얻기 위한 영사기 조정 작업이 영사기사의 손길을 바쁘게 한다. 더욱이 영사기사는 필름이 영사되는 동안의 돌발 사고나 고장에 신속하게 대처할 수 있어야 하고, 그러기 위해서는 기자재를 능숙하게 다룰 줄 알아야 한다.

■ 교육: 영화관에서는 영사기사를 채용할 때에 보통 영사기사의 직업 신분증을 요구한다. 그외에 '영상물 상영업' 분야의 자격증이 있다. 그리고 학교의 추천으로 인해 취업 계약을 할 가능성도 있다.

• 포스터작가

영화 포스터는 영화 홍보의 꽃이다. 포스터는 배우나 감독의 명성 때문에 영화를 선택하는 열광적인 고정 팬들뿐만 아니라 일반 관객의 폭넓은 시선을 끌어내는 기능을 하고 있다. 포스터는 주요 콘셉으로 출연 배우를 전면에 포진시키거나 영화 한 장면의 이미지를 내세울 수 있다. 아니면 바로 영화 제목 자체를 부각시킬 수 있다. 어쨌든 포스터의 이미지는 각기 영화의 흥행 전략에 가장 부합되는 것을 선택해야 한다.

포스터작가는 여러 시안들을 만들어 영화사에 제시하기 전에 그 영화를 보고 감독을 만나야 합니다.

컴퓨터 그래픽의 도움

포스터를 완성하기 전에 포스터작가는 영화를 보고 감독을 만난다. 감독과 포스터작가는 함께 영화의 분위기를 한눈에 드러낼 포스터의 분위기를 결정한다. 그 합의를 바탕으로 해서 포스터작가는 영화사에 여러 가지 기획안을 제출한다. 포스터작가는 대부분 일러스트레이션 혹은 그래픽 아트 전공 출신이다. 현대 그래픽 아트 분야에서 컴퓨터 그래픽의 획기적인 발전은 포스터작가들의 작업을 훨씬 수월하게 해주고 있다. 오늘날 이들은 손쉽게 활용할 수 있는 소프트웨어 덕분에 단순히 색채나 활자체의 변형뿐만 아니라 인물의 크기 등을 자유자재로 구사하면서 신속하게 서너 장의 서로 다른 포스터를 제

뱅상 르방
포스터작가

"영화의 모든 스토리와 분위기를 단 한 이미지로 요약하는 아이디어를 찾아야 합니다."

뱅상 르방은 15세에 **SFP**가 주최하는 만화 공모전에서 수상했다. 그는 잠시 일러스트레이션전문학교를 다니다가 르네 고시니의 만화 영화 작업을 돕는다. 1978년에 르네 고시니가 죽자 이데픽스 스튜디오들은 문을 닫았고, 뱅상 르방은 실업자가 되었다. 그때 그는 (액체 페인트의) 분무기 테크닉을 발견했고, 데생에 대한 정열을 함께 나누기 위해서 자기 학교를 개설했다. 그리고 영화계에 합류했다. 그가 노린 틈새는 액션 영화의 포스터 제작이었다. 대표적인 액션 스타들인 아놀드 슈워제네거 · 장 클로드 반담 그리고 브루스 리의 얼굴들은 뱅상 르방에게 드러나지 않은 비밀이 없을 정도이다. 그는 또한 워너 영화사, 폭스사, 그리고 **TF1** 비디오를 위한 비디오 재킷도 제작했다. "이런 대형 회사들과 일하기 위해서는 예술적 감수성은 구석으로 밀쳐 놓아야 합니다. 그 회사들에게 이미지의 존재 이유는 오로지 돈 자체에 있습니다. 이미지는 오로지 구매력을 자극해야만 합니다. 그게 전부예요. 그럴 때 가장 어려운 것은 제작이 아니라 사실 콘셉을 잡는 일이지요. 영화의 모든 스토리와 분위기를 단 한 이미지로 요약하는 아이디어를 찾아내는 데 성공해야 합니다. 그리고 그 아이디어가 최대한 많은 관객 혹은 구매자들을 유혹하기 위해 가능한 한 최고로 매혹적이어야 합니다."

작할 수 있다.

포스터작가는 창작 외에도 외국 영화의 포스터를 변형, 혹은 새로 제작하기도 한다. 특별히 그 영화의 제작사가 금지할 경우가 아니라면 대개 오리지널 포스터는 그 영화가 외국에서 개봉될 때에 그대로 사용되지 않는다. 이미지 독해의 코드들이 대륙마다 다르고 나라마다 제각각이기 때문이다. 따라서 유럽 영화가 한국에 소개될 경우에는 유럽 영화의 포스터가 한국 관객의 취향에 맞도록 한국의 포스터작가에 의해서 완전히 다시 만들어질 수 있다.

■ 교육: 일러스트레이션, 그래픽아트전문학교들이 있다. 이곳에서는 일러스트레이션과 그래픽아트에 관한 컴퓨터그래픽의 기술을 배운다.

• 언론 홍보 담당

홍보는 정성껏 만들어진 영화가 관객과의 만남이라는 흥행 최전선에서의 승리를 위해 마지막으로 거쳐야 하는 단계이다. 그때 홍보 담당은 영화에 대한 온갖 선전 자료를 들고서 전선에 등장해 언론 인터뷰, 홍보 자료 배포, 기자들을 위한 시사회, 배우와 감독의 관객과의 만남 이벤트 등을 전개한다. 홍보는 영화 개봉보다 당연히 앞서 시작된다. 예를 들면 방송·신문·잡지의 영화 담당 기자들을 초대해서 함께 영화 촬영 장소를 순회하는 언론 홍보 여행 조직이 그런 경우이다.

언론 홍보 담당은 그다지 눈에 띄는 파트가 아닙니다. 그러나 베르트랑 타베르니에라든가 장 뤽 고다르 같은 대감독들은 언론 홍보 담당으로 영화계에 입문했답니다.

미디어들과 접촉하고 기자들을 설득하기

언론 홍보 담당은 신문기자들에게 언제나 우호적으로 인식되는 직책은 아니다. (그 반대의 경우도 마찬가지이다.) 하지만 기자들은 언론 홍보 담당관으로서는 꼭 필요한 파트너이다. 그래서 언론 홍보 담당은 기자들을 모든 수단을 동원해 공략해야만 한다. 각종 미디어의 관심을 낚아채서 그들이 자사 영화에 대해 떠들게 하기 위해 어떤 짓도 마다해서는 안 된다.

메이저 제작사들의 언론 담당들은 회사 그룹에 소속된 직원이다. 그들은 고용주에 의해 제작되고 배급되는 모든 영화의 홍보를 책임진다.

그러나 독립 배급업자들은 독립 언론 홍보 담당을 부른다. 이들은 일반적으로 자신들이 배급하는 영화들의 예산 내에서 소자본만을 운용할 수 있다. 이런 소형 제작 배급사의 영화를 책임지는 독립 언론 홍보 담당들은 대형 제작사들의 틈바귀에서 각종 미디어에 그들 영화의 자리를 확보하기 위해 설득력을 발휘해야 한다.

티에리 르 누벨
10년 경력의 독립 언론 홍보 담당, 제작자

"영화의 홍보는 배급업자와 언론 홍보 담당과의 사이에 유기적인 의견 통합이 이루어질 때에만이 효과적이지요."

오늘날 언론 담당이자 제작자인 티에리 르 누벨은 대학 신입생 때 자신 속에서 꿈틀대던 영화에 대한 정열을 발견한다. 과학 전공을 목표로 한 이 과대학생이던 그는 자신이 길을 잘못 들었다는 것을 깨닫는다. 그는 파리에서 작은 벤처 사업을 시도하려고 결심하지만 성공을 거두지 못한다. 그래서 이번엔 몽펠리에대학의 영화 전공 파트에서 공부한다.

티에리 르 누벨은 실험예술 영화를 주로 설렵하면서 영화인들을 만났고, 신문에 영화평을 쓰며, 프로그램 편성을 하고, 어린이를 위한 씨네 클럽에서 애니메이션을 만든다. 결국 그는 몽펠리에 지중해 영화 페스티벌을 직접 창설하고, 1995년까지 계속 관여한다. 그후 티에리 르 누벨은 한 영화관 경영인과 동업으로 세마포르 영화사의 배급업을 시작한다. 다시 파리로 돌아온 티에르 르 누벨은 작가 영화의 세계를 탐사하는 한편 영화사 운영의 어려움을 발견한다. "배급은 많은 자본을 필요로 하는 어려운 직업입니다.

세마포르 영화사는 결국 문을 닫았어요. 그후 나는 독립 언론 홍보 담당으로 자리잡았어요. 그러니 당연히 내가 잘 아는 작가 영화들에게 내 기호가 기울어지더군요. 작가 영화를 선택하는 호사스런 방식으로 이 일을 한 지 어느덧 10년이 됐습니다. 나는 거의 언제나 내가 함께 작업했던 영화들을 선택했거든요. 어쨌든 난 영화를 사랑하고 영화인들을 사랑합니다. 그들에게 갈채를 보내고 싶어요. 그들을 잘 옹호하고 미디어에 팔기 위해서지요. 거창한 말들만으로는 《텔레라마》《르몽드》《앵로콥티블》의 기자들을 설득하는 데 충분치 않아요. 영화의 홍보는 배급업자와 언론 홍보 담당과의 사이에 유기적인 의견 통합이 이루어질 때에만이 효과적이지요. 신문 기사에 실리기 위해서는 먼저 영화를 알리는 일이 중요해요. 《텔레라마》잡지가 자기 첫 페이지를, 거리에 포스터 한 장 나붙지 않고 시내의 한귀퉁이에서 단 하나의 영화관에서만 상영되는 영화와 함께 여는 일은 지극히 드물지요.

이상적인 것은 시나리오 작업 시기부터 홍보를 시작하는 것입니다. 미리 홍보를 시작하면 할수록 영화의 존재를 효과적으로 알릴 수 있어요. 예를 들어 특별 언론단을 위해 촬영 장소를 순회하는 여행을 조직하는 것도 그 하나이지요.

어쨌든 작가주의 유형의 영화들을 옹호하는 일은 언제나 쉽지 않아요. 그러나 그 일은 내게 멋진 만남들의 기회를 허락해 준답니다. 나는 제작자들에게 감독들을 소개하거나 그 반대로 감독들에게 제작자들을 소개하면서 '결혼'을 시키는 중신아비의 노릇을 시도하는 거예요. 이런 만남들이 언제나 잘 굴러가는 것은 아니어서 나는 더 나아가 제작이라는 모험을 시도하기로 결심했습니다. 이 결정은 또한 지금 언론 홍보 담당과 영화제 프로그래머로 홍보일과 프로그램 편성을 하는 것보다 훨씬 멀리 도약하고자 하는 나의 욕구와도 일치했어요. 구상 단계의 프로젝트들이 햇볕을 보게 하기 위해 영화인들을 도와 주겠다는 어려운 도전은 아직 승리를 거두지는 못했지요. 나는 먹고 살기 위해서 여전히 언론 홍보일을 해야 합니다. 한 머리에 2개의 모자를 쓰는 일은 쉽지 않네요. 한편 제작 · 배급업자들은 내가 더 이상 홍보에 관심이 없다고 생각하는가 하면, 다른 한편 영화 투자자들과 텔레비전 방송국들이 나의 영화 제작 프로젝트에 관심을 기울이지 않거든요. 왜냐하면 그들 모두는 나를 여전히 언론 홍보 담당으로만 여기기 때문이지요. 나는 아직 증명해야 할 과제가 많아요."

V

영화학교들

"자 여러분, 그렇게 얼굴을 가리면 아무 일도 할 수 없어요. '영화의 대가족'의 일원이 되기 위해서는 사람을 많이 만나야 합니다. 인내심으로 무장하고 기회를 포착하세요. 영화전문학교들은 영화인이 되는 데 결정적인 역할을 할 중요한 사람들을 만나는 기회를 제공하는 점에서 다른 어떤 곳보다 유리합니다. 영화전문학교들의 연수 과정은 영화계로 진입하는 확실한 입구이기도 하고요. 그러나 이 입구를 지나는 데 사실 어떤 학교 졸업장도 요구되지 않습니다. (물론 몇몇 기술직을 제외하고요.) 집요한 끈기, 식지 않는 열정, 그리고 스스로 갈고 닦은 재능만이 승부의 카드들이지요."

영화와 텔레비전 분야에서 일하는 사람들의 교육 수준은 고른 편이 아니다. 현재 활동중인 인력의 30%는 최소한 석사학위 소지자이거나 국립영화전문학교 졸업생이다. 23%는 영화전문학교의 스태프 교육 과정을 이수한 사람들이고, 25%는 고졸 학력이면서 대입자격시험 합격자들이다.

영화와 텔레비전 분야에서 학교 졸업장은 중요한 가치를 갖지 않는다. 현재 활동중인 전문인들의 학력 현황이 그 점을 확인해 준다. 아직도 그들의 전문인으로서의 능력은 대부분 현장 학습을 통해서 다져진다. 그러나 자기가 택하고자 마음먹은 파트에 따라서 그 분야의 전문 교육 과정을 이수하는 것은 얼마든지 유익할 수 있다. 기술에 속하는 직업들, 특히 촬영·음향·포스트프로덕션의 직업들은 적절한 교육과 사용 기자재에 대한 지식이 반드시 필요하다. 그러므로 그런 분야의 직업을 원하는 사람들은 적합한 학교를 알아보아야 한다. 학교에서 일정한 과정을 이수하는 건 의무 사항이기도 하기 때문이다. 그렇지만 언론 홍보 담당, 소품 담당 혹은 제작 일선 실무자의 경력은 기술 파트와는 달리 그 분야의 교육을 따로 요구하지 않는다. 영화는 아직도 특수한 전문 교육을 받지 않고도 일할 수 있는 영역이다. 무엇보다 인내심이 있어야 하고 행운도 뒤따라야 한다. 특히 전문 영화인들을 많이 알아두어야 할 필요가 있다. 여러분이 학교 졸업장으로 '무장되어' 있지 않더라도 낙심할 필요는 조금도 없다. 스스로 갈고 닦은 나만의 재능은 언제 어디서나 경

영화는 아직도 특수한 전문 교육 없이 일할 수 있고, 현장에서 직접 일을 배우는 게 가능한 섹터입니다. 물론 촬영과 음향과 같은 기술직들은 제외해야지요.

쟁력 있는 변별력을 창출한다고 스스로에게 외쳐라!

• 영화전문학교에서 영화인들과의 설레는 첫 만남

영화전문학교에 입학하면 영화계와 직접 접촉할 수 있다. 이곳의 강의와 세미나들은 흔히 현장의 영화 전문인들이 맡기 때문이다. 또한 학년이 올라갈 때마다 필수 코스인 연수 학점을 이수하는 과정은 직접 말 등에 올라타보는 좋은 기회이다. 그러나 그 영화전문학교와 영화 전공 과정대학의 옛 졸업생들이 몇 명의 '스타들'을 제외하고 대부분 지금 무엇이 되어 있나를 정확히 파악하고, 또 이들 기관들이 설교하는 영화계 직업들의 비정규적 임시 직종의 특이점에 대해 냉철한 현실 감각을 가져야 하는데, 이 점은 결코 쉽지가 않다.

1. 스태프들을 위한 학교:
빛나는 세 명문과 다른 학교들

페미스, 루이뤼미에르국립고등전문학교, 방송 기술과 극예술 국립고등전문학교

프랑스에 영화전문학교들은 수도 없이 많다. 그 가운데 우뚝 빛나는 세 국립영화전문학교——페미스(FEMIS), 루이뤼미에르국립고등전문학교(ENSLL), 방송 기술과 극예술 국립고등전문학교(INSAS)——는 까다로운 시험을 통과해야 들어갈 수 있다. 매년 선발되는 행운의 후보자들은 아주 소수이다. (학교에 따라 입학 정원은 30명에서 50명 가량 된다.) 다른 영화전문학교들은 사립이고, 따라서 유료이다. 사립영화전문학교들은 영화인들로부터 대단한 평가를 받지 못하는 게 현실이다. 아예 몇몇 학교는 오로지 교수들을 먹여 살리는 학교라거나, 혹은 학생들에게 영화계에 대한 장밋빛 미래만을 보여 주며 허황기만 심어 준다고 신랄한 비판을 당하기도 한다.

사립영화전문학교들은 기자재가 부족하다

한 가지 사실은 분명하다. 사립영화전문학교들은 국립영화전문학교들만큼 촬영 기자재들을 갖추고 있지 못하다는 점이다. 따라서 학생들에게 실습 기회가 충분히 주어지지 않는다. 어쨌든 페미스나 루이뤼미에르학교 선발 시험에 낙방한 학생들은 대부분 사립영화전문학교에 가 있다. 그럼에도 불구하고 이 사립학교들 역시 영화계에

가장 찬란한 명성을 자랑하는 영화전문학교들은 까다로운 선발 시험을 통해 후보자들 중의 아주 제한된 소수만이 입학을 허락받습니다. 여타 다른 사립영화전문학교들은 영화인들에게서 흔쾌히 인정을 못 받고 있는 실정이지요.

진출한 졸업생들의 현황에 따라서 국립학교 못지않게 그 중요도를 인정받는다.

인터넷과 학교 외의 교육 과정들

그외의 많은 교육 기관의 주소는 이 책의 끝에 있는 주소록에서 찾아볼 수 있다. 비데아도크협회는 인터넷상에서 영화와 영상 분야 직업들의 교육 기관들에 대한 데이터 뱅크를 제공해 주고 있다: www.videadoc.com.

• 국립영화전문학교들

선발시험을 통과해야만 들어갈 수 있는 페미스(파리 소재), 루이뤼미에르학교(누아시르그랑 소재), 앵사스(브뤼셀 소재)는 매년 수천 명의 영화 전공 희망자들의 꿈의 대상들이다. 선발 기준은 무척 엄격하다. 그러나 영화 전문인들이 제공하는 교육의 질은 아주 높다.

페미스

정확히 이미지, 음향 분야 직업의 국립고등전문학교라는 명칭의 약자인 페미스는 영화전문학교 분야에서는 가장 최고의 학교로 평가받는다. 이곳은 3년간의 과정으로 매년 시나리오, 연출, 촬영, 음향, 세트디자인, 편집, 제작 분야의 40여 명의 학생을 선발한다. 40여 명의 학생들이 각기 분야에 균등하게 구성되도록 인원이 선발된다. 단 세트디자인 분야는 2명 정도만 뽑는다.

1기 과정은 9개월 동안 이론과 실기의 공통 강좌로 이루어진다. 이어 2기 과정에서 학생들은 1년 6개월 동안 자신의 전공에 따라 단편 영화와 다큐멘터리 영화 연출

수천의 후보자들 중 50여 명만이 선발되는 국립영화전문학교들의 선발시험은 임격하기 짝이 없습니다. 프랑스 파리의 페미스와 루이뤼미에르학교는 벨기에 브뤼셀의 앵사스와 명문으로서의 자존심 경쟁을 벌이는 학교들이고요.

에 참여한다. 학생들에게 촬영장은 영화인들이 현실에서 부딪히게 되는 문제점들을 직접 대면하는 중대한 기회이다. 또한 자율적이면서 동시에 공동으로 작업하는 것을 배우는 기회이기도 하다. 이와 함께 각 전공마다 고도로 전문적인 이론 교육이 병행된다. 또 학생들이 더 완전한 학습을 하도록 촬영 연수 기회도 마련하고 있다. 3년째의 3기 과정에는 졸업 작품을 연출, 제작한다. 이 과정은 대입 자격시험 +5번 등급의 자격증 수여를 승인한다.

체인망 정책

페미스는 기술 기자재들과 설비를 충분히 보유하고 있다. 편집실, 음향 조정실, 홀, 비디오 편집실, 촬영 기자재, 영사 장비, 음향 녹음기와 조명 설비, 무대 장치용 기계 장비, 세트디자인 제작실, 전산 정보 처리실 등등. 페미스의 교육은 정규 교과목의 학습과 함께 학생들 상호 간의 인적 관계를 발전시키는 플랜으로 이루어진다. "감독-제작자 커플을 구성하는 것은 페미스의 주요 교육 콘셉입니다"라고 교학과장 카롤 데바라는 말한다. "우리는 학생들이 단단한 상호 협동체를 구성하도록 독려합니다. 학교를 떠나서도 영구히 지속되는 그런 체인망이 조직되기를 바라는 겁니다. 그래서 첫해의 일반 공통 과정 강좌에서는 그들 스스로 자기 팀들을 짜게 만듭니다. 그들 각자의 프로젝트 기획안과 친화 관계에 따라서 말이지요."
(《프랑스 필름》, 1999년 12월 17일)

> "우리는 학생들이 진정한 공동체를 구성하기를 바랍니다. 학교를 떠나서도 영구히 지속되는 체인망을 이루기를 바라지요"라고 페미스학교의 교학과장 카롤 데바라는 말한다.

입학시험

입학시험의 응시자는 27세 이하로 대입자격시험 +2 등급 합격증 소지자이거나 외국인일 경우에는 이와 동등

■ 페미스가 요구하는 자격들 ■

페미스가 후보자들에게 요구하는 자질과 자격들은 다음과 같다.

■ 시나리오와 연출 전공에는 시각적 · 음향적 · 창작적 소양과 글쓰기 자질을 요구한다. 그러나 또한 효율성과 엄격성도 필요하다. 문과대학 과정을 이수한 후보자는 이 분야의 입학에 유리할 수 있다. 또 서커스 · 미술 · 저널리즘 등의 비교적 규범적이지 않은 여정들을 거친 후보자도 유리할 수 있다.

■ 영화 제작 전공에는 법제와 재정 분야의 교육 과정을 이수하거나 커뮤니케이션과 광고에 관한 지식이 풍부한 후보자라면 유리할 것이다. 목표는 제작 총지휘, 즉 프로듀서를 양성하는 것이지만 또한 영상 산업 분야의 기획자들, 그리고 더 폭넓게는 커뮤니케이션 산업 분야들의 기획자들을 양성한다.

■ 세트디자인 전공 분야는 국립미술학교나 국립장식미술학교 혹은 건축학교의 전공 과정을 이수한 학생들, 또 데생 · 그래픽아트 실력과 날로 발전하는 컴퓨터그래픽 테크닉에의 적응력이 입증되어야 할 것이다.

자료제공처: 페미스

한 학력의 소지자여야 한다. 촬영과 음향 직업에서 최소 4년의 경력을 쌓은 사람들도 응시 자격이 있다. 선발시험은 세 과정으로 치러지고, 모든 과정을 통과해야 합격된다. (1999년도에는 8백 명 응시에 35명이 합격했다.) 전공은 시험 전에 선택해야 한다. 그외의 지원 자격 요건은 없다. 페미스의 시험에 지원하고자 하는 후보자들 모두에게 일반 문화적 교양과 영화 지식은 필수적이다. 그외에 요구되는 지식은 선택하는 전공에 따라서 차이가 있다. 촬영과 음향 분야의 전문 과정에서 수학 · 물리학 · 화학의 든든한 기초 지식은 불가피한 요소이다. 또한 영어와 그외 다른 외국어를 유창하게 구사하는 것은 유용한 패이다. 아울러 심사위원단은 후보자가 촬영·음향, 그리고 예술 창작과 관련된 분야에서 얼마나 활발히 활동했는지의 여부를 고려한다.

시험: 매년 1월에 접수(접수료 6백 프랑)하고, 시험은 파리에서 4월부터 7월까지 전개된다.

학업 과정: 3년, 무료.

루이뤼미에르학교

페미스처럼 유명한 루이뤼미에르학교는 느누아시 르 그랑에 위치한다. 이 학교는 특히 이미지와 음향 직업 분야 교육에서 명성을 쌓았고, 영화 분야도 '이미지'와 '음향'의 두 전공 과정을 개설해 3년 과정 이수의 졸업장을 수여한다. 이미지 전공 과정은 촬영감독, 촬영기사, 제1, 2촬영조수 양성 과정이다. 음향 전공 과정은 음향기사와 동시녹음기술자 양성 과정이다.

후보자들은 서술과 구두시험의 두 차례 시험을 통해 선발된다. 응시 자격은 27세 이하의 대입자격시험 +2등급 합격증 소지자이고, 그외 특수한 경우에 특례 입학이 있을 수 있다. 1천여 명 후보자들은 매년 40여 명의 입학 정원에 뽑히기 위해 열심히 자기 소개를 한다. 후보자가 수학·물리학·화학 분야의 실력이 확실하다면 시험 통과에 상당히 유리하다. 강사진은 영화인들과 기초과학 분야 전문가들과 이미지와 음향기술자들로 이루어진다. 1년과 2년 과정에는 이론과 실무 지식을 공부하고, 마지막 3년 과정에 현장 연수가 있다. 졸업장을 얻기 위해서는 이론과 실무를 함께 다루는 논문을 써야 한다.

시험: 1월에서 3월 중순 사이에 접수(접수료는 무료).

이미지와 음향 분야 직업을 교육하는 루이뤼미에르국립고등전문학교의 시험은 수학·물리학·화학에서 상당한 수준의 실력을 요구합니다.

시험은 5월과 6월에 전개된다.

학업 과정: 3년, 무료.

앵사스

벨기에 브뤼셀에 위치한 방송 기술과 극예술 국립고등전문학교는 영화 교육 기관으로 세번째의 명성을 자랑하는 학교이다. 이 학교는 연출, 음향, 촬영, 편집, 스크립터, 그리고 연기 분야의 여섯 전공을 개설하고 있다. 다른 학교와는 달리 앵사스는 연령에 상관 없이 대입자격시험 합격자이기만 하면 선발시험에 응시할 수 있다. 시험은 전공별로 다르다. 각 전공 분야별 교육은 가능한 한 실용적인 강좌들을 많이 포함하려는 경향이 있다. 따라서 연출 전공은 시나리오 창작, 연출, 연출 부원의 직무, 제작, 그리고 현장 연수 등 전 분야의 연구와 실습을 포함한다. 음향 전공은 영화·텔레비전·라디오 음악의 음향 기술 전 분야를 다룬다. 촬영 전공에서는 픽션, 르포르타주, 광고, 제도권 필름들 등의 모든 장르들이 다루어진다. 기간은 3년이다. 단지 연출 과정은 필수로 1년이 추가된다.

입학시험: 3월부터 접수가 시작(접수비 약 5백 프랑)되어 9월에 시험을 치른다.

학업 과정: 3-4년, 학비는 연간 1천 프랑에서 1천5백 프랑.

앵사스의 입학시험에 응시하려면 연령에 상관 없이 대입자격시험 합격으로 충분합니다. 영화학교의 명성으로 보면 세번째로 손꼽히는 학교이지요.

• 사립영화전문학교들

영화와 영상 분야 전문 사립학교들은 많다. 그러나 어떻게 좋은 사립학교를 선택할 수 있을까? 어떤 학교들의 졸업장은 국가로부터 인정받는데, 그 점이 선별 기준이 될 수 있다. 또 학생들이 사용 가능한 기술 장비 구비 여부를 알아보아야 한다. 왜냐하면 실습이 이 분야 교육의 근본이기 때문이다. 강사진의 명성과 동문들의 영화계 진출 현황은 사립학교들의 등급을 평가하는 데에 또 다른 기준이 될 수 있다. 많은 사립학교들 중 다음의 네 곳의 졸업장은 국가에 의해 인정된다.

프랑스영화전문학교(세엘세에프 CLCF)

프랑스영화전문학교는 영화 분야의 사립 교육 기관으로는 가장 오래된 곳이고 영화인 단체, 영화와 영상 산업 및 멀티미디어 산업연합회로부터 권위를 인정받는 유일한 학교이다. 이 학교는 2년 과정으로 연출조수, 스크립터, 편집기사 분야를 교육한다. 전공 선택은 2학년 중에 한다. 응시 자격은 17세 이상의 대입자격시험 합격자이고, 서류심사와 면접을 통과해야 입학할 수 있다. 공연예술 전공, 영화와 영상 전공 학사 소지자는 직접 2학년으로의 편입이 가능하다. 매년 1백50명 정도 신입생을 선발한다. 예전에는 신입생 대다수가 1년 과정만 혹은 2년 과정만을 이수했다.

접수: 2월부터 접수, 접수비 연간 1천3백 프랑.

학업 과정: 2년, 학비; 1학년은 3만 4천 프랑. 2학년 과정은 3만 3천 프랑에서 3만 7천 프랑.

영화고등전문학교(으젝 ESEC)

영화고등전문학교는 연출, 제작, 편집(아날로그와 가상), 특수 효과 부문을 가르친다. 입학 자격은 대입자격시험 +2등급 합격자들로 제한되었다. 그러나 일반 대입

사립영화전문학교들의 등록금은 연간 4만 프랑 정도입니다. 프랑스영화전문학교는 영화인 단체, 영화와 영상 산업 및 멀티미디어 산업연합회로부터 인정받는 유일한 사립영화학교로 연출조수, 스크립터, 편집기사 분야를 2년 과정으로 교육합니다.

자격 획득자들도 선별로 입학이 가능하다. 정원의 30%는 외국 학생들을 받아들인다.

학업 과정: 2년, 1학년은 4만 3천 프랑. 2학년은 전공에 따라서 4만 3천 프랑에서 4만 8천 프랑.

영상연출고등전문학교(에스라 ESRA)

영상연출고등전문학교는 1972년 설립되었다. 이 학교는 3년간의 과정으로 되어 있다. 선공 과징(영화 언출, 비디오 연출, 이미지, 편집, 제작)은 1년간이다. 2학년말에 8주 동안, 3학년말에 10주 동안 두 번에 걸친 현장 연수가 있다. 교육 프로그램에는 선택 전공에 따라 여러 유형들의 제작(픽션, 스파트 광고, 다큐멘터리……) 프로그램이 포함되어 있다. 입학은 대입자격시험 합격자들에게 개방된 선발시험으로 이루어진다. 대학 1,2학년 이수자들과 영상과 음향 분야 유경력자는 입학시험을 면제받고 면접으로 입학할 수 있다. 에스라는 파리·렌·니스, 세 곳에 학교를 개설했다. 이 학교는 또한 음향 전공 분야에 3년간의 교육 과정을 개설하고 있고(음향테크닉고등전문학교), '컴퓨터 합성 이미지' 전문직들을 위한 섹션이 있다 (Sup'Infograph). 이 두 과정의 입학 조건들은 에스라 입학 조건과 동일하다. 그러나 미술학교나 그래픽 분야 전문학교 출신의 쉬프 앵포그라프 과정 후보자들의 경우 이미 프로젝트 작업의 경력이 있으면 직접 2년 과정에 편입할 수 있다.

시험: 5월과 9월 사이에 여러 차례 실시된다.

학업 과정: 3년, 학비는 연간 3만 7천 프랑.

국제 이미지와 음향전문학교(이스 IIIS)

트라프에 위치한 이미지와 음향국제연구소(IIIS)는 연출, 촬영, 음향, 편집-특수 효과, 그리고 멀티미디어의 5개 전공 과정을 개설하고 있다. 전공은 3학년에서 시작된다.

시험 응시 자격은 대입자격증 소지자여야 하는데, 예외적으로 대입자격시험 +2등급 소지자들로 이미지와 음향 분야 직업들의 유경력자이면 2년 혹은 3년에 편입이 가능하다. 후보자들은 시험일 최소 15일 전에 사진과 자기소개서가 도착되도록 해야 한다. 사진은 증명사진이 아니라 심사위원단에게 자신을 프리젠테이션하고 싶은 대로 자연스런 개인 이미지를 전시하는 사진이어야 한다.

시험: 5월중 접수, 5월 시험.

학업 과정: 3년, 학비 연간 3만 8천 프랑.

> 국제 이미지와 음향전문학교의 후보자들은 자기소개서에 사진을 첨부해 제출해야 합니다. 사진은 심사위원단에게 자신을 프리젠테이션하고 싶은 대로 자연스런 개인 이미지를 전시하는 사진이어야지, 신원 증명사진 같은 답답한 것이어서는 안 됩니다.

• 대학의 영화와 영상 분야 전공 과정

몇몇 대학은 2기 과정부터 영화 전공을 개설하고 있다. 영화 전공을 택하려면 '문화와 커뮤니케이션' '문학과 예술' 혹은 '예술' 전공의 1,2학년 과정 이수증을 소지해야 한다.

대학에서 영화 교육은 스태프 양성을 사명으로 하지 않는다. 1980년대 대학에서 영화 전공 분야를 창설할 시기에 이 전문 과정들은 미학·기호학·영화사 등에 관련된 분명하게 이론적인 교육에 중심을 두었다. 따라서 대학의 영화 전공 과정 학생들은 이미지를 제작하기보다는 이미지를 읽고 독해하는 것을 배운다. 점차 파리3대학이나 파리8대학 같은 몇 대학에서 조금씩 영화 실습 교육

파리와 지방의 몇몇 대학
들은 '영화' 전공 과정을
개설하고 있습니다. 일반
적으로 대학의 영화 교육
은 실기 교육보다는 이론
교육에 치중합니다. 그러
나 파리8대학 같은 몇
대학은 실기 교육에 중점
을 두고 있지요.

이 전개되었다. 파리8대학은 영화 전공 과정 개설초부터
실습 교육에 관심을 표명했다. 오늘날 8대학에서 영화
실습 교육은 이론 교육보다 더 우위를 차지하고 있다.

파리8대학의 영화학과 과장인 기 피망 교수는 "영화가
어떻게 만들어지는지를 모르면서 영화 이론을 이해하기
는 불가능하다. 우리는 언제나 영화 제작 실습의 필연성
을 주장했다."(《유럽의 영화 교육》, 모니크 마르티노, 《시
네막시옹》, 1991) 대학에서 영화 실습 교육이 발전했음에
도 불구하고 영화학 전공 대학들의 졸업장은 영화 '속에
서'보다는 영화에 '관해서' 더욱더 연구한 결과물이다.
더욱이 영화 전공 학사학위증 소지는 페미스 혹은 루이
뤼미에르학교의 선발시험을 위한 든든한 준비물이 되지
는 못한다는 점을 분명히 알아야 한다. 어쨌든 대학 전문
과정들은 아주 풍부한 영화적 교양을 가져다 줄 수 있고,
제작·배급·영화관 경영 분야에서 취업로를 제공할 수
있다.

어떤 대학들은 직업 교육의 성격을 갖는 과학적이고
기술적인 교육 과정들을 개설하고 있다. 2학년 과정의
DU, 4학년 과정의 MST, 5학년 과정의 DESS가 그것이
다. 이 과정들은 다소 엄격한 서류 심사를 통해 선발한다.
1백50명에서 2백여 명의 후보자들 중에서 보통 20여 명
의 학생들이 선발된다. 어떤 5학년 데스(DESS) 과정은
5-6명의 학생만으로 운영된다.

영화와 영상 분야 전문 과정을 개설한 대학은 엑스마
르세유1대학·보르도3대학·캉대학·릴3대학·리옹2
대학·몽펠리에3대학·낭시2대학·메츠대학·파리1,
3, 7, 8대학·렌2대학이다.

• 실업계 고등학교의 영상 분야 전문 기술 자격증(BTS)

영상 분야 전문 기술 자격증(베테에스 BTS) 과정은 음향, 편집, 영화 경영, 그리고 영상 장비 관리, 제작 행정 업무 등의 현장 실무와 일치하는 여러 전공 과정들로 나누어진다. 영상 BTS는 오늘날 텔레비전의 주요 방송국들과 영상 산업 업자들로부터 인정을 받고 있다. 테마별 텔레비전 방송국들의 개설과 위성 텔레비전의 폭발적인 증가는 이 자격증 소지자들을 위한 취업로를 확장시켰다. 영상 BTS 과정 입학은 서류심사로 이루어진다. 모든 대입자격시험 응시생들에게 입학이 허락될 수 있지만, 그럼에도 불구하고 제작 파트는 경제-경영의 기초 지식이 필요하다. 그리고 편집과 영상 장비 파트는 물리학의 기초 지식이 필요하다. 프랑스에서는 여러 실업고등학교(그 중 열한 곳은 공립학교이다)에서 이 자격증을 수여한다. 이 학교들은 앙굴렘(16개교)·베이온(64개교)·불로뉴-비양쿠르(92개교)·메츠(57개교)·몽테귀(85개교)·몽벨리아르(25개교)·루베(59개교)·루앙(76개교)·생캉탱(02개교)·툴루즈(31개교)·빌퐁텐(38개교) 등이다. 하지만 이 학교들 모두가 위의 여러 전공 과정들을 다 개설한 것은 아니다.

위성 텔레비전의 성공으로 영상 전문기술자격증 BTS 소지자들은 점점 더 많은 취업을 제공받고 있다. 이 영상 BTS는 영상산업계에서 상당히 인정받는다.

2. 연기자를 위한 학교

독학으로 유명 배우가 된 성공 신화는 과거에나 지금이나 세대를 거쳐 영원히 존재한다. 하지만 대부분의 현역 연기사들은 적어도 극예술 분야의 한 군데 학교에서 교육 과정을 이수한 사람들이다. 게다가 그 중 절반은 여러 학교의 연기 과정을 다 섭렵했다. 국립연극센터(CNT)의 조사에 의하면 사립 극예술 연기 강좌들이 가장 인기가 있다. 이어 지방의 국립연극전문학교, 시립연극전문학교, 대학의 극예술 연구 전문 과정, 국립드라마센터들이 개설한 아틀리에들, 그리고 물론 국립연극고등전문학교들의 연기 전공 과정도 빼놓을 수 없다. 어느곳을 선택해야 할지의 문제는 풀기가 쉽지 않다. 왜냐하면 사립 연기 강좌들, 연수들, 그리고 아틀리에들이 점점 증가하고 있기 때문이다. 이 분야의 교육 과정 개설은 규제가 없기 때문에 선택에 신중해야 한다. 극예술 분야의 교수가 되기 위한 자격증은 따로 없어서 어중이떠중이들도 누구나 학교를 개설할 수 있기 때문이다.

극예술국립연극전문학교(CNSAD), 스트라스부르국립극단에서 운영하는 극예술고등전문학교(Esad-TNS)와 국립극예술과 기술고등전문학교(ENSATT)는 선발 과정이 무척 까다로운데, 어느곳이 더 우수하다고 조언하기는 어렵다. 이들 학교는 각각 나름의 특장을 갖추고 있고, 고유한 교육 방식이 있다. "어떤 교수들은 학급당 20여 명 이상의 학생을 수용하기를 거절하는데, 나 역시 동

대부분의 배우들은 공연예술 교육 과정을 이수했어요. 여러 군데의 극예술전문학교 연기 강좌들을 이수하면서 탄탄한 기초를 쌓은 배우들도 많지요.

의합니다. 교수로서는 소수의 학생을 상대로 가르치는 것이 바람직하다고 봅니다"라고 연극학교 교수 다니엘 메기쉬는 말한다. "그러나 그게 꼭 이상적일까요? 동료들의 열정적인 자세를 보면서 더 많은 걸 배우는 학생들도 있음을 간과해서는 안 되죠."(《누벨 옵세르바퇴르》, 1997년 6월 5일) 어떤 교수들은 학생들의 음성 훈련에 중점을 둔 교육을 전개한다. "학생의 가장 중요한 교수는 바로 학생 자신입니다라고 장 페리모니학교의 교장, 장 페리모니는 말한다. "우리 교수들은 산파역을 할 뿐입니다. 유일한 교수법, 그것은 학생들을 바라보고, 그들의 말을 들어 줄 줄 아는 것입니다."

• 어떻게 강좌를 선택할까?

연기 강좌의 선택권은 여러분의 손에 있다. 당신의 의식 수준에 가장 적합한 것을 찾기만 하면 된다. 그러나 또한 당신이 준비한 학자금에 적합해야 할 것이다. 연기 강좌 수업료는 강좌들의 수만큼이나 다양하기 때문이다. 나중에 불쾌감 섞인 놀라움을 겪지 않으려면 등록금에 포함된 내역들이 구체적으로 무엇인지 문의하는 게 바람직하다. 예를 들어서 많은 강좌들은 수업 중에 제공된 좋은 장면들을 비디오로 녹화시킨다. 이 비디오 비용이 등록금에 포함되었는지 알아보아야 한다.

수많은 연기 강좌들 중에서 당신에게 가장 알맞은 강좌를 선택하려면 우선 국립연극센터에 문의하세요. 주소는 6, rue Braque, 75003 Paris, 전화는 01 44 61 84 85입니다.

당신은 영화 전문인들과의 접촉 기회가 가장 활짝 열려 있는 학교를 향해 가고 싶을 것이다. (매니저들, 캐스팅 디렉터들과 만나는 기회, 감독들 앞에서의 실연 기회들이 있는 학교들 말이다.) 학교와 극단 강좌들의 정글 속에서 길을 잃지 않으려면 국립연극센터에 문의하라. 그러

면 당신에게 파리의 전문학교들과 강좌들 리스트를 전해
줄 것이다. 국립연극센터는 또한 당신의 선택을 돕기 위
해서 면담의 기회도 제공한다. 미래의 연기자들을 위해서
는 《연기자 가이드북》(퓌 플뤼리 출판사, 2000년, 1백45
프랑)이라는 또 다른 정보 출처가 있다. 이 책은 연극 강
좌 개설 학교들의 소개와 평가가 실려 있고, 그외에도 배
우의 교육과 스크린 진출을 위한 실질적인 정보를 상당
량 담고 있다.

• 국립연극전문학교들

국립극예술고등전문학교(CNSAD)

1784년에 창설된 국립극예술고등전문학교는 1946년
국가 지원을 받는 공립 기관이 되었다. 18세에서 23세
사이의 후보자들은 적어도 연극학교, 사립 강좌, 극예술
학교, 혹은 극단 아틀리에 등에서 전문인이 지도하는 연
극 교육 1년을 받은 경험이 있어야 한다. 이어서 후보자
들은 각각 3분간의 네 신을 연기해야 하는데 그 중의 두
신은 고전극이어야 한다.

1차 시험에 선발된 학생들의 2차 시험에서는 고전극
한 신과 현대극 한 신을 연기한다. 2차 시험에서 선발된
학생들은 이 학교의 교수와 함께 하는 수습 기간을 거친
후에 5분의 신을 연기한 후 최종 선발된다. 남녀 동등한
비율로 약 30여 명 선발된다.

3년간의 교육 기간 동안에 학생들은 연기·연극사·
춤·노래·호흡법 교육을 이수한다. 3학년 과정은 아틀
리에-스펙터클과 영화 강좌들로만 이루어진다. 검술·
곡예·승마·영어는 선택 과목이다.

극예술전문학교나 혹은
사립학교의 연기 강좌를
1년 수료하고 나서야 국
립연극고등전문학교에
입학할 자격이 주어집니
다. 오디션을 통해 선발
된 학생들은 3년간의 교
육 과정을 이수하지요.

시험: 1999년 7백38명의 후보자 중에서 30명을 선발했다. 접수금 3백 프랑.

학업 과정: 3년, 학년당 등록금 1백25프랑.

스트라스부르국립극단의 극예술고등전문학교 (ESADTNS)

1954년에 설립된 이 학교는 스트라스부르국립극단 소속이다. 학생은 26세 이하의 후보자들에게 연기 오디션과 1주일간의 수습 기간을 거쳐 선발된다. 이 학교의 교육 과정은 배우 직업에 대한 광범위한 접근으로 유명하다. 학생들은 연기뿐 아니라 음성(발음, 노래, 낭독 등), 신체 단련(합기도, 활쏘기, 몸 즉흥 연기, 춤), 음악과 예술사를 공부한다.

시험: 12명 선발. 접수금 3백 프랑.

학업 과정: 3년간 무상.

스트라스부르극예술고등전문학교의 연기자 교육 과정은 기본적으로 연기, 몸 연기, 음성 훈련에 중심을 두고 전개됩니다. 3년 학업 과정은 무료이고요.

국립극예술과 기술고등전문학교(ENSATT)

과거에는 '블랑슈 가(街)의 학교'라는 이름이었던 국립극예술과 기술고등전문학교는 리옹에 분교를 설립했다. 입학시험은 25세 이하의 대입자격시험 +2등급 합격자에 제한된다. 특례 입학은 연기에 관한 학업을 이수했음을 증명하는 사람들에게는 허용된다. 7백 명에서 8백 명의 지원자들 중에서 10여 명이 선발된다. 3년의 학업 과정은 연기 공부, 배우의 연기술 학습, 그리고 극작술과 미학에 대한 성찰로 되어 있다. 마지막 학년은 다른 전공 과정의 학생들과 함께 기획하는 아틀리에-스펙터클의 형식으로 전개된다.

시험: 1월에서 3월 접수(3백50프랑), 6월 시험.

학업 과정: 3년(1천50프랑).

• 지방의 국립연극전문학교와 시립연극전문학교

지방의 국립연극전문학교와 시립연극전문학교는 지방의 젊은이들에게 극예술과 가까워지는 통로를 제공한다. 몇몇 학교는 노래·춤·음악 강좌를 개설하고 있다. 민저 각 학교의 교육 유형에 대해 알아보아야 한다. 사실 모든 연극학교가 다 사명을 가진 교육 파트를 운영하고 있는 것은 아니기 때문이다. 선발 양식도 학교마다 다양하다. 결국 가장 간단한 방법은 직접 가까운 연극전문학교에 혹은 시청에 문의하는 것이다. 파리에는 구청에서 운영하는 연극전문학교가 있다. 이곳들은 2기 과정과 고급 과정을 운영한다. 1기 과정은 3년간 펼쳐지고, 2기 과정은 2년간이다. 고급 과정은 2년 기간이고, 시험으로 학생을 선발한다. 응시 비용은 각각 다르지만 아주 소액이다.

> 모든 지역 연극전문학교들이 연기자를 양성하기 위한 사명감에 투철한 교육을 베푸는 것은 아닙니다. 선발 방식도 기관마다 다르고요.

• 사립학원

파리에 개설된 1백50여 사립학원들은 정말 개미 군단을 이루고 있어서 분명하게 평가하기 힘들다. 어떤 강좌들은 수강생 수로 그 위력을 과시하고, 어떤 강좌들은 과거의 전통으로, 혹은 특별한 교육 방법으로, 혹은 단순히 학비로 유혹한다. 그 모든 강좌들을 소개하기는 불가능하다. 가장 유명한 몇 군데를 여기 소개한다.

플로랑학원

플로랑학원은 극예술 교육의 빛나는 '등대'와 같은 사립 상좌이다.

1967년 프랑수아 플로랑이 창립한 플로랑학원은 분명히 특권을 누린다. 특히 이곳을 거쳐 간 유명 배우들 덕분에 그렇다. 졸업생이자 프랑스를 대표하는 배우들 중의 한 사람인 프랑시스 위스테르는 '무료 강좌'를 이곳에 개설했다. 이 강좌는 완전 무료이지만 시험을 거쳐서 들어갈 수 있다. 플로랑학원의 다른 수업들은 1개월의 수습 기간(2천1백64프랑)과 시험을 거쳐 선발된 학생들과 전개된다. 이 학생들은 매달 1천7백50프랑을 내야 한다. 거기에 연간 납입금은 6백25프랑이 덧붙여진다. 전통적인 극예술 교육과는 달리 이곳의 학생들은 영화, 시, 극문학, 영화 연기 테크닉, 시나리오 창작 등의 폭넓은 교양 강좌들을 이수한다. 이 학교는 학교의 언론 홍보 파트와 캐스팅 사무국을 학생들에게 맡기고 있다.

사립 강좌들 중에서는 단연 플로랑학원이 가장 유명합니다. 현재 활동중인 유명 배우들 중에 플로랑학원 출신들이 상당수이기 때문이지요. 그러나 학비는 졸업생이자 배우 프랑시스 위스테르가 개설한 '자유 강좌'를 제외하고는 매달 약 2천 프랑 정도로 비싸답니다.

국제연극아틀리에

이곳은 블랑슈 사랑학교라는 이름으로 더 유명하다. 블랑슈 사랑은 이 아틀리에의 창설자이자 지도자이다. 이 학교는 러시아의 스타니슬라프스키 방식 연기론과 미국의 액터즈 스튜디오의 연기 교육 방식을 교육 과정에 적용한 것으로 유명하다. 교육은 즉흥 연기, 이완, 기능적 의식, 감각적 상상력, 소리와 움직임 훈련에 기초를 두고 있다. 입학은 빈 자리만 있으면 1년 중 어느 때나 가능하고 최소 3분의 1분기를 수강해야 한다.

학비: 분기당 3천1백50프랑. 연간 등록금은 4백 프랑.

페리모니학교

이 학교는 2000년에 4주년을 맞이했다. 교육은 3년 과정으로 입학시험은 없다. 교육 프로그램은 고전극, 현대극, 근대극, 신체 표현, 화법 및 발성법 훈련, 즉흥 연기, 영어 훈련에 중점을 둔다.

등록금: 1천 프랑.

학업 과정: 매월 1천8백 프랑.

3. 미술감독과 의상디자이너를 위한 학교

세트디자이너와 의상디자이너가 되려면 사립과 공립 학교들이 개설한 몇 가지 전문 교육 과정이 있다. 그러나 현재 활동중인 모든 세트디자이너와 의상디자이너들이 그 과정을 반드시 이수한 사람들은 아니다. 국립미술학교, 장식미술학교, 산업미술학교들, 혹은 건축학교들은 세트디자이너, 즉 미술감독이 되는 데 효과적일 수 있는 교육을 베푼다.

페미스는 7개 전문 과정 중에 '세트디자인' 분야가 있다. 매년 이 분야는 2,3명만 뽑는다. (입학 양식은 198페이지를 참조할 것.)

페미스의 세트디자인 전공 과정에는 매년 2명에서 3명의 신청자만이 선택됩니다.

국립극예술과 기술고등전문학교는 의상 분야 8명과 세트디자인 분야 6명을 뽑는다. 의상 분야는 의상 강좌를 이수하거나 재단 분야의 전문 기술 자격증(BTS) 소지자, 혹은 스타일리즘 학교를 이수한 사람이라면 유리하다. (앞의 입학 양식을 참조할 것.)

연수와 계약

피에르 장 라로크
의상디자이너

"나는 이 학교 출신의 연수생을 선택하고 싶어요."

난 지방 출신이었고 영화계에 아는 사람이라곤 1명도 없었어요. 의상디자이너가 뭔지도 몰랐지요. 그러나 내가 택한 국립극예술과 기술고등전문학교 ENSATT는 내게 영화 전문인들을 만나게 해주었답니다. 학업을 모두 마친 후에 나는 의상 아틀리에에서 연수를 했어요. 파리 10구의 시테 베르제르였지요. 거기서 나는 한 여성 의상디자이너를 알게 되었고, 그녀는 내게 조수 자리를 제안했어요. 8년간 조수를 하고 있을 때에 연극감독들은 내게 의상 담당 자리를 의뢰해 오더군요. 내가 연극 의상 담당으로 일하는 것을 보았던 영화감독들은 함께 영화를 하자고 청했어요. 저예산 영화들이었기

때문에 나는 '연극 의상 담당'의 임금으로 일하는 것을 수락했어요. 영화 의상에서 난 비로소 창작자로서의 내 능력을 발휘할 수 있었지요. 오늘날 나는 역사물 영화에 빠져 있어요. 그게 의상디자이너의 입장에서 훨씬 흥미롭답니다. 국립극예술과 기술고등전문학교의 교육은 의상사를 중요하게 다루었기 때문에 나는 역사극 영화 의상에 더욱 자신이 있어요. 물론 ENSATT를 나오지 않았어도 충분히 의상디자이너가 될 수는 있어요. 그러나 나는 ENSATT 출신 연수생을 선택하고 싶어요. 왜냐하면 그들은 나와 같은 것을 배웠으니까요.

4. 시나리오 작가를 위한 학교

시나리오 창작 교육은 지난 몇 년간 부쩍 늘었다. 페미스 같은 명문 국립영화전문학교 혹은 유럽 영상 시나리오전문학교(CEEA)는 각각 3년짜리와 1년짜리 시나리오 전공 과정을 개설하고 있다. 앞에서 인용한 몇몇 사립영화학교들(CLCF, IIIS)은 몇 주간 전문인들이 가르치는 시나리오 창작 연수 과정을 제공한다. 이런 과정 외에도 신뢰할 만한 수많은 창작 교실들이 공존한다. 그것들의 우열을 한눈에 평가하기는 힘들다. 그러나 일단 가르치는 선생이 시나리오 작가인가 아닌가의 선별 기준은 강좌의 신뢰도를 위해서 불가피하다.

유럽 영상 시나리오전문학교(CEEA)

1996년에 창설된 CEEA는 전문인들과의 긴밀한 협력으로 1년간의 교육을 제공한다. 즉 실력을 인정받은 시나리오 작가들과의 창작 교실 운영과 제작자, 텔레비전 방송국 책임자, 감독들과의 만남으로 강좌 프로그램을 짜는 것이다. 선발은 1백50여 명 지원자 중에서 20여 명을 선발하는데, 서류와 시나리오를 가지고 선발한다. 졸업생들은 대다수가 텔레비전에서 일하고 몇몇은 장편 영화 시나리오 작가로 활동하고 있다. 졸업생들의 작업은 정기적으로 CEEA의 재학생들에게 소개된다.

베르나르 스키라
시나리오 작가, 《신인 작가와 감독을 위한 매뉴얼》, 딕시트사, 2000.

"영화 시나리오 작가란 사도의 직업입니다!"

베르나르 스키라는 어느 날 영화의 요정들에게 굴복하여 영화감독이 되겠다고 결심한다. 그때까지 그는 평범한 무역 엔지니어였다. "1년 동안 장편 영화 시나리오 1편을 쓴 후에 나는 아주 겸손하게 내 시나리오를 감독 알랭 레네와 미셸 드빌에게 보냈습니다. 미셸 드빌은 내게 독서 노트의 형식으로 몇 가지 비평을 보내왔어요. 그는 내가 시나리오에 담기 원했던 모든 것, 주제, 구성, 인물들을 간파했어요. 드빌의 편지는 나의 창작 열망에 불을 질렀지요. 그래서 나는 분명히 내게는 약간의 재능이 있다고 자부하면서 다시는 '일상적인' 경제 회로 속으로 되돌아가지 않겠다고 단호히 결심했습니다. 나는 혼자 시나리오 창작 가이드북을 통해 배운 것을 완벽히 구현해내기 위해서 꼭 필요하다고 여겼기 때문에 시나리오 창작 강좌에 등록했어요. 그렇지만 여러분은 시나리오 창작 교실에 자신을 무턱대고 내맡겨서는 안 됩니다. 많은 교수들이 여러분이 3개월만 교육을 받으면 당장 시나리오 작가가 될 것이고 영화계에 진입하게

될 것이라고 믿게 만듭니다. 그건 착각이에요. 여러분은 시나리오 강좌 등록을 하기 전에 신중하게 몇 가지 질문을 던져야 합니다. 교수가 직업 시나리오 작가인가? 그의 옛 학생들은 현재 어떻게 되었나? 교수의 교육 방법은? 학생들의 수준은? 나는 시나리오 창작 교실을 다니면서 동시에 영상 분야에서 자잘한 일들을 하기 시작했습니다. 그 와중에 나는 영화계 사람들을 만날 수 있었어요. 나는 커피를 나르는 현장 연수생에서 제작 조수로 껑충 뛰었고, 이어서 기업 홍보 영화들 같은 소규모 작업의 제작실장이 되었습니다. 이어서 나는 1990년대초에 TF1 텔레비전 방송국의 법정 드라마 시리즈에서 일하기 시작했어요. 나는 1편의 에피소드 시나리오를 썼는데 다행히 반응이 좋아서 두번째 시나리오를 쓰게 됐고, 결국에는 그 시리즈 40편을 썼지요. 이렇게 완전 아마추어에서 프로 시나리오 작가의 위상으로 건너가는 데에 5년이 걸렸어요. 이 시스템에 일단 들어가고 나서 가장 힘든 것은 사다리를 기어오르는 일입니다.

26분짜리 시나리오 작가로서 실력이 있다면 26뿐짜리 틀 속에서 계속 일을 찾게 되지요. 그렇지만 26분짜리에서 52분짜리 시나리오 작가로 건너가는 것은 꼭 가능하다고 장담할 수 없습니다. 나는 텔레비전 시나리오 작업과 병행해서 구준히 영화 장편 시나리오들을 쓰는 일을 계속했어요. 나는 방금 코미디 장편 영화 시나리오를 끝냈습니다. 영화 시나리오는 텔레비전을 위해 쓰는 시나리오들과는 다릅니다. 어떤 시나리오에서든 엔지니어였던 나의 특별한 강점은, 필요하다면 창작의 예술적 차원을 옆으로 밀쳐 놓는 능력이 있다는 것입니다. 나는 나를 오로지 실력 있는 시나리오 테크니션으로만 여기는 자성력이 있어요. 텔레비전은 좋은 학교입니다. 시나리오의 법규를 배우게 해주고 3백~5백 명의 프랑스 영상 시나리오 작가들의 포크에 일거리들을 제공하니까 말이지

요. 영화는 훨씬 일거리가 없어요. 영화 시나리오로 먹고 살 수 있는 작가는 아마 10여 명밖에 안 될 것입니다. 비록 그 작가의 시나리오가 장편 영화 제작으로 이어지더라도 반드시 정당한 보수를 받을 수 있는 것은 아니에요. 장편 영화 시나리오 작가는 대략 편당 20만 프랑을 만집니다. 그러나 그 시나리오가 영화로 촬영될 확률은 1백분의 1이에요. 성공할 확률은 더욱 더 적어요. 따라서 그런 영화는 텔레비전에도 나가지 않을 것이기 때문에 시나리오 작가는 필름 배급 권리를 나눌 수도 없어요. 내가 내리는 결론은 오로지 영화만을 위한 시나리오 작가가 되고 싶어한다면, 그것은 영화에 대해 종교적인 사명감을 갖는 것과 같다는 것이랍니다. 영화를 향한 전폭적인 헌신의 자세와 순교 정신이 없다면 정말 불가능할걸요. 내 생각에 그건 진정한 사도의 길을 가는 것입니다!"

VI

영화계에 데뷔하려면?

"자, 그럼 이제 여러분이 목표로 설정한 영화 전문직은 무엇인가요? 그 직업이 무엇이든지 현장 연수는 영화계에 데뷔하기 위한 거의 유일한 수단입니다. 그러니까 여러분은 영화계 연감, 각종 언론 매체, 인터넷의 정보를 통해서, 그리고 문화 재단의 지원에 힘입어서, 물론 여러분 영화학교의 교수와 동료 학생들과 긴밀히 접촉하면서 영화 전문인들과의 만남을 끈질기게 시도해야 합니다. 파이팅!!!"

1. 현장 연수 기회를 낚아채기

영화계에서 데뷔하기는 유명한 집안의 배경을 지니지 않거나 영화계에 어떤 인맥도 없다면 불가능한 것처럼 보인다. 물론 어디나 그렇듯이 연줄이란 것은 영화계에도 흔한 현상이다. 그러나 오늘날 명성을 쌓은 수많은 영화인들은 오로지 홀로 자신을 일구었다. 중요한 것은 적절한 사람들을 만나기 위해서 좋은 주소들을 찾는 것이고, 연수를 낚아채기 위해 노력하는 것이다. 그러기 위해서는 지금 현재 찍고 있는 영화들에 대한 정보가 있어야 하고, 그리고 누가 만드는지를 특히 잘 알고 있어야 한다. 자신이 목표로 하는 분야가 무엇이든 영화의 직업들에서 연수는 데뷔를 위한 거의 유일한 수단이다.

요즈음은 영화 제작비의 용도가 실용적인 지출에 집중 제한되는 추세 때문에 영화계 연수의 기회가 점점 더 줄어들고 있습니다. 명문의 영화전문학교나 특별한 전문 교육 과정을 이수한 경우가 아니라면 한번이라도 연수 기회를 잡는 것은 힘든 일입니다. 그러나 연수는 영화계에서 경력을 쌓기 위한 최상의 방법들 중의 하나이지요.

• 아주 드물지만 보수를 받는 연수들

다른 분야와는 달리 촬영 연수는 일반적으로 보수를 받는다. 그러나 현재 모든 영화사에서 영화 제작비를 철저히 경영 마인드로 운영하며 실용적인 지출 외에는 절약하는 경향이기 때문에 제작사는 연수생들을 받는 일을 망설인다. 비록 연수생들의 임금이 스태프들보다 낮다고 해도 연수생들도 먹여야 할 입들인데다가 파리를 벗어난 지방 로케이션일 경우는 숙박비까지 드는 애물단지들이다. 또한 스태프들조차 연수생을 꺼리는 경향도 있다. 스태프들로서는 촬영 일감이 점점 줄어드는 마당에 패기만

만한 연수생들은 앞으로의 경쟁 상대로 은근히 위축감을
안겨 주는 밉살스런 존재인 것이다.

　그렇다고 연수를 낚아채는 일이 불가능한 것은 절대 아
니다. 당신이 페미스 혹은 루이뤼미에르학교를 졸업했다
면 연수 기회를 얻는 데 상대적으로 쉽다. 왜냐하면 이런
명문들에서는 학업 기간 중에 여러분을 도울 수 있는 영
화 전문인들을 만날 기회가 자주 있을 것이기 때문이다.
여타 다른 학교들에서 연수를 낚아채기 위한 사냥은 좀
더 복잡한 문제일 것이다. 연수의 기회를 얻기 위해서는
먼저 여러분은 한 분야를 집중 겨냥해야 한다. 제작이면
제작, 배급이면 배급, 영화관 경영, 홍보 등 말이다. 그리
고 나서 그 분야의 전문인들과 접촉하며 당신이 어떻게
봉사하고자 원하는지의 의사를 적극적으로 표명해야 한
다. 다음은 영화계와 첫 만남을 가지는 데에 필요한 정보
를 주어서 당신을 도와 줄 수 있는 몇 가지 경로들이다.

2. 영화계 연감

영화계 연감은 전문 분야별로 분류된 영화인들의 인적 사항과 그들을 만날 수 있는 연락처들을 제공한다.

《벨페 Bellefaye》는 50년 전부터 모든 프랑스 영화 전문인들이 필히 참조하는 연감이다. 벨페 연감은 영화에 관련된 개인과 단체들의 모든 연락처들이 담겨 있고, 매년 새로 발간된다. 배우에서 의상코디에 이르기까지, 제작사, 매니저, 영화학교, 영화제 등 그 안에는 모든 게 담겨 있다! 이것은 정말 유익한 도구이지만 아주 비싸다 (1천50프랑). 굳이 사지 않더라도 이 연감은 도서관과 특수 자료센터들에 비치되어 있으므로 언제라도 열람할 수 있다.

출판사 Editions Bellefaye, 38, rue Etienne-Marcel, 75002 Paris

tél: 01 42 33 52 52. www.bellefaye.com(무료 접근이 가능하지만 그 경우 정보는 제한된다. 전문인들은 정기 구독할 수 있다. 정기 구독시 광범위한 서비스 혜택이 있다.)

몇몇 영화 연감들은 영화계로 진출하는 데에 귀중한 도구의 역할을 충분히 합니다. 어떤 연감들은 너무 비싸간 하지만 도서관이나 특수 자료센터들에서 쉽게 열람할 수 있습니다.

《제작자와 배급자 연감》 매년 새로 발간되는 이 연감은 제작자와 배급자들의 연락처들이 및 그들의 전문 분야(장편, 단편, 광고, 다큐멘터리……)와 작품 목록이 함께 담겨 있다(2백 프랑).

Editions Dixit, 3 rue La Bruyère, 75009 Paris

tél: 01 49 70 03 33. www.dixit.fr

《영상 산업계의 비즈니스 가이드》 매년 발간되는 이 연감은 텔레비전 방송국, 제작자, 언론 홍보 담당, 광고 회사 등, 영상 산업계의 모든 단체들의 연락처를 담고 있다(7백프랑).

Editions Mass Média, 20, rue Louis-Rouquier, 92300 Levallois-Perret

tél: 01 47 58 47 92. www.bga-database.com

3. 언 론

또한 가판대에서 판매되는 영화 전문인들용의 신문들도 있다. 이 신문들은 영화계의 경제와 고용 현황을 다룬다. 또한 현재 진행중인 영화 제작 프로젝트, 그리고 준비 중인 작품들을 소개한다.

《필름 프랑세》는 영화 전문 주간지이다(39프랑). 이 잡지는 영화계 전문인들의 현황, 특히 촬영 진척도를 보여준다. 구인과 구직난도 있다.

영화 전문 신문은 영화인들에게 아주 유용한 자료로 인식됩니다. 촬영 진전도, 시청각 표현의 테크닉에 대한 기술적이고도 실용적인 수많은 정보를 들려 줍니다.

　회사 Le Film français, 150, rue Gallieni,

　92514 Boulogne-Billancourt Cédex

　tél: 01 41 86 16 00. www.lefilmfrançais.com

《에크랑 토탈》은 《필름 프랑세》와 같은 유형의 주간 정보지이다. 점점 영상 산업계의 모든 분야를 더 많이 다루고 있다(39프랑).

　Ecran total, 18, rue Camille-Desmoulins,

　92300 Levallois-Perret

　tél: 01 41 34 00 20.

《필름과 비디오 스태프》는 영화와 텔레비전 기술직 직업에 관한 전문 월간지이다. 이 잡지는 현재 진행중인 프로젝트들의 정보를 제공한다. 그리고 새로운 영상 기술과 영상 기자재에 대한 정보를 제공한다(38프랑).

IF Diffusion, 33, avenue des Champs-Elysées,
75008 Paris
tél: 01 43 59 24 84. www.ifdiffusion.com

• 몇 가지 실제적인 정보들

《시놉시스》그 명칭이 나타내듯이 시나리오 작가들용
인 이 격월간의 잡지는 시나리오 작가들의 현황을 다루
고, 영상 시나리오 창작에 대한 주제와 테크닉 자료들을
제공한다. 이 잡지는 또한 시나리오 작가에 관련된 강좌,
지원금, 저작권 등 전문인들용의 실제적 정보도 제공한
다. 이 잡지의 인터넷 사이트에는 시나리오 창작 교육 과
정들이 소개되어 있고, 시나리오 작가들을 위한 공모전
과 이벤트들 일정이 나타나 있다(35프랑).

Synopsis, 38, rue du Fauboug-Saint-Jacques,
75014 Paris
tél: 01 53 10 20 70. www.6nop6.com

《시나리오 작가들의 가제트》시나리오 작가협회에서
3개월마다 발간되는 이 잡지는 시나리오 작가 전문직의
발전상을 알리고, 계약과 저작권에 관련된 법적인 문제
들의 정보를 제공하며, 작가와의 인터뷰 기사들을 싣는
다(49프랑, 협회에 문의하여 구입 가능하다).

Union des scénaristes, 14 rue Alexandre-Parodi,
75010 Paris
tél: 01 44 89 99 80. www.scénariste.org

영화 전문 잡지는 영화에 관련된 인터넷 사이트들의 주소도 알려 줍니다. 그런 사이트에 들어가면 교육 과정, 공모전, 계약과 저작권에 관련된 법적인 문제들에 대한 상세한 정보들을 찾을 수 있지요.

4. 인터넷 사이트

영화 분야라고 해서 인터넷 발전의 영향권에서 벗어나 있지 않다. 영화학교, 전문 단체, 영화사와 영화 전문인들은 너도나도 앞다투어 그들 고유의 인터넷 사이트를 개설하고 있다. 또한 구인 광고 사이트라든가, 혹은 숙박 시설을 제공하며 서로 알고자 원하는 영화인들을 모집하는 특수 광고용 사이트들도 있다.

• 믿을 만한 인터넷 사이트들

www.casting-gallery.com

33세의 전직 여배우가 창설한 이 사이버캐스팅 갤러리는 배우와 모델들의 경력 관리를 제안한다. 이력서와 사진, 그리고 인터뷰로 선발된 1백여 명의 후보자가 이 사이트에 등장한다. 이들 정보는 의상계·영상계·쇼비지니스계에 전달된다. 회사측의 구인 광고의 신뢰도는 구직자가 구인 광고자를 커뮤니케이션하기 전에 사이트 측에서 검증한다. 불필요한 잡음과 실망을 피하게 하기 위해서이다(등록비 연간 1천 프랑).

여러분은 인터넷에서 영화계의 구인 광고 전문 사이트들, 캐스팅 전문 사이트들, 또 여러분의 이력서를 실어 주는 사이트들을 발견할 수 있답니다.

www.coproductions.com

영상 산업 분야의 구인 광고 제공 사이트이다.

5. 단편 영화: 훌륭한 학습 방법

• 단편 영화 작업에서의 자원 봉사는 여러 번 거치게 마련인 현장 실습이다

해마다 클레르몽 페랑 국제단편 영화제와 빌뢰르반 국제단편 영화제의 성공적인 개최에도 불구하고 단편의 미래는 오늘날 상당히 위협받고 있습니다. 그러나 영화계에 투신하기 위해서는 단편 영화는 참 좋은 도약대입니다.

단편 영화는 좋은 학습 영역이다. 연출 분야든, 시나리오 창작이든, 영화의 온갖 직업을 목표로 하는 그 누구더라도 말이다. 많은 영화제들이 그들의 프로그램에 단편 부문을 두고 있고, 장래성 있는 연출자들을 장편 영화로 투신하게 하는 데 기여한다. 가장 유명한 것은 클레르몽 페랑 국제단편 영화제와 빌뢰르반 단편 영화제이다. 이것은 매년 열린다. 재정적 측면에서 밥벌이용으로 단편 영화 연출이나 제작을 고려해서는 안 된다. 단편 영화 제작비는 아주 적게 책정되어서 통상 보수는 보잘것없거나 아예 없다. 그래서 자원 봉사는 이런 유형의 촬영에서 상식이 되다시피한 법칙이다. 그러나 단편 영화 분야에서의 자원 봉사는 사람들을 만나는 좋은 기회들을 제공하기 때문에 재정적으로 더 흥미로운 다른 프로젝트들로 연결될 수 있는 확률이 높다.

• 중단 위기에 처한 단편 영화 제작

1999년에 국립영화청은 영화관 경영인들에게 4백50개의 단편 영화 상영 허가증을 발급했다. 그럼에도 불구하고 단편 영화의 경제 상황은 소멸될 위기에 처해 있다.

게다가 영화계 비정규직 종사자들의 실업수당을 낮추는 제도 개혁안은 스태프들이 정식 계약의 작업들 사이사이에 단편 영화계에서 무료로 일하곤 하는 관행을 포기하게끔 할 소지가 다분하다.

단편 영화의 소멸은 영상물 배급의 개방 정책으로 위성 텔레비전과 주제별 텔레비전 방송국이 증가하는 이 시점에서 대단히 유감스런 일이 될 것이다. 그러나 어느 텔레비전 방송국들이 관대하게 단편 영화를 구매한다고 해도 장편 영화에 하듯이 단편 영화 제작에는 전혀 투자하지 않는 실정이다.

이에 프랑스 문화성은 단편 영화의 난파 위험에 직면하여 팔을 걷고 나섰다. 국립영화청을 통로로 하여 단편 영화 부문에 8백만 프랑의 보조 지원금을 수여하기로 결정한 것이다.

단편 영화 배급사

이 에이전시는 프랑스에서 단편 영화의 홍보와 배급에 나서고 있다. 이곳은 여러분들에게 당신의 단편 영화를 배급할 수 있는 모든 정보를 제공할 것이다.

문의처 : 2 rue de Tocqueville, 75017 Paris.
tél: 01 43 80 03 00.

단편 영화의 집

이곳은 단편 영화를 만들고 싶어하는 사람들에게 제작사에 접근하고 지원금을 얻도록 도와 준다. 또한 전문인들에 의한 단편 시나리오 창작 과정도 개설하고 있다.

6. 장학금, 공모전, 수상 제도

에키녹스협회는 연간 2
회에 걸쳐서 프랑스 남서
부, 보르도 지역의 베이
슈벨에서 영화·시나리오
신인작가들과 전문 작가
들의 만남을 주선하는 행
사를 개최합니다.

영화에 관련된 사업을 벌이는 몇 기업들은 신인들을
발굴하고 돕기 위한 조직들을 가동한다. 아래에 몇 예가
있다. 그곳의 책임자들에게 문의하여 발굴 대상 후보자
의 자격을 알아내도록 하라.

• 카날 플뤼스 텔레비전 방송국

이 영화 전문 텔레비전 채널은 신인배우, 시나리오 작
가, 감독을 위한 몇 가지 작업과 공모전을 개최한다.

에키녹스협회

노엘 데샹은 미국 배우 로버트 레드퍼드의 선댄스협회
를 본따서 1993년에 카날 플뤼스 텔레비전 방송국과 연
합으로 에키녹스협회를 창설했다. 이 협회에서는 연간 2
회에 걸쳐서 베슈벨과 보르들레에서 전문인과 신인영화
인들을 결합하는 모임을 개최한다. 행사의 목표는 협회
의 위원회에서 선발한 유럽 작가들의 시나리오를 읽고,
재독하며, 분해하고, 그리고 공들여 다듬기이다. 몇몇 시
나리오는 이 행사를 거쳐서 영화화되었다. 알베르 뒤퐁
텔의 《베르니》, 알랭 베를리네르의 《나의 장밋빛 인생》,
크리스토프 뤼지아의 《샤뱌의 곤》 등이다. 이런 기회에
신인영화인들은 《레인 맨》《내 남자 친구의 결혼식》의 시
나리오 작가 론 바스, 《퍼펙트 월드》와 《미드나잇 가든》

에서 클린트 이스트우드의 공동 시나리오 작가인 존 리 핸콕 등 같은 최상의 조언자들과 잊지 못할 만남을 체험한다.

Equinoxe, 4, square du Roule, 75008 Paris
tél: 01 53 53 44 88.

카날 플뤼스 창작 교실

시나리오 발전을 돕는 창작실로 1995년 창설된 이곳은 시나리오 작가들에게 재정적·예술적 지원을 제안한다. 매년 5편의 시나리오가 선발되어서 1만 5천 프랑씩의 지원을 받는다. 일정한 공모 기간 없이 시나리오는 1년 내내 받아들여진다. 알베르 뒤퐁텔의 《베르니》, 장 쿠낭의 《도베르망》, 장 필립 투생의 《스케이트 링크》는 이 기관의 지원을 받았다.

문의처 : 프랑수아 코냐르 François Cognard
tél: 01 44 25 73 28/ 01 53 64 85 55.

카날 플뤼스 단편 영화부

카날 플뤼스의 단편 영화 부서는 매년 26분 이하짜리 단편 영화 4백 편 정도를 공동 제작하거나 구매한다. 매년 1천여 편의 단편 시나리오가 이 부서에 들어와 읽혀지고 그 중 대략 40편의 단편들이 제작된다. 그리고 3백50편의 단편 영화를 구매하고 배급까지 담당한다. 카날 플뤼스의 단편팀은 많은 영화제들을 돌아다니며 단편 영화와 신인감독들을 조사한다. 또한 이 부서는 국가적 주요 명분에 관련된 프로젝트들에도 참여한다. 에이즈를 조명

텔레비전 방송국들은 재능 있는 신인영화인들을 육성하고 지원하는 기구들을 창설했습니다. 카날 플뤼스 방송국의 단편 영화 부서는 매년 젊은 영화인들의 단편 영화 4백여 편을 제작 지원하지요.

하며 사랑은 재발견되어야 한다는 명제를 논하는 필름이
나 국제장애인연맹, 또 표현의 자유를 위한 국제앰네스
티위원회를 위한 필름 제작 등이 그것이다.

　문의처: 브리지트 파르도, 파트리스 부쉬, 클로드 뒤티
Brigitte Pardo, Patrice bouchy, Claude Duty
tél: 01 44 25 10 00.

에메르장스/여름영화대학

　카날 플뤼스는 또한 에메르장스/여름영화대학의 파트
너이다. 에메르장스는 전 문화성 장관 자크 랑과 프랑스
의 국민 배우 제라르 드파르디외가 지원한다. 이 구조는
젊은 작가-감독들에게 3개월간 그들 프로젝트를 개작할
기회를 제공한다. 그리고 6월의 3주간 그들 시나리오의
여러 시퀀스들을 영화 전문인들과 함께 제작할 기회를
제공한다.

　작년에는 엘리자베스 드파르디외 · 유세프 샤인 · 에토
레 스콜라 · 르네 클레이트만 · 니콜 가르시아 · 크라우디
아 카르디날 · 샤를 베를링 등의 쟁쟁한 영화인들이 무료
로 이들의 시퀀스 제작에 출연했다.

　tél: 01 47 05 00 15.

'최고의 신인들' 작전

　1994년 5월에 시작된 이 작전은 10명의 신인배우들이
몇 년간 카날 플뤼스의 지원을 받도록 짜여져 있다. 7백
명의 배우들 중에서 전문 영화인으로 구성된 심사위원단
이 선발하는 5인의 남배우와 5인의 여배우는 방송국의
후원을 받아서 영어 교육 및 교양 교육을 받고 많은 전문
영화인들을 만난다.

몇몇 유명 영화인들은 카
날 플뤼스 방송국이 개최
하는 여름영화대학에 참
가합니다. 영화계의 대선
배들이 재능 있는 신인을
발굴하여 영화계에 진출
시키는 일에 발벗고 나서
는 것이지요.

2000년 세자르 신인여배우상 수상자인 오드레 토투는 1997년도 '최고의 신인들' 콩쿠르 출신이다.

tél: 01 44 25 16 89.

카날 플뤼스 이데

카날 플뤼스는 1998년 창설된 신인영상인 발굴을 위한 영구 조직을 설립했다. 이 카날 플뤼스 이데 조직은 방송에 출연할 젊은 신인들을 발굴하기 위한 지방 캐스팅팀도 가동한다. 출연을 원하는 신인들은 1년 내내 기간의 제한 없이 언제라도 자신의 스케치, 텍스트, 프로젝트, 비디오 카세트, 오디오 카세트 등을 카날 플뤼스에 보내기만 하면 된다.

tél: 01 53 64 85 61.

• 여러 공모전들

청소년 시나리오 그랑프리

27세 이하의 시나리오 작가에게 수여하는 이 상은 국립영화청, SACD 그리고 Procirep과의 협찬으로 조직된다.

tél: 01 47 05 00 15.

키에슬로프스키상

폴란드 출신 감독 키에슬로프스키를 기리는 이 상은 MK2 그룹과 Nada et La Cinquième사가 조직한다. 이 상은 세 가지 주제가 부여되는 시나리오 공모전을 통해 선발되는 16세에서 30세 사이의 신인시나리오 작가 3인에게 수여된다. 3명의 수상자는 루이뤼미에르학교 학생들을 연출부 조수로 해서 단편 영화 제작에 필요한 물자

매년 정기적으로 시나리오 공모전을 통해 최우수 수상자들이 배출됩니다. 이들의 수상작은 단편 영화로 제작되어 영화관에서 상영되고, 이어 텔레비전 방송으로도 방영되고요.

와 자재를 제공받는다. 이렇게 제작되는 영화들은 이어 시내 영화관에서 상영되고 텔레비전 제5채널에서 방영되며 이어 여러 영화제들에 소개된다.

문의처: 3615 MK2, www. prix-kieslowski.com

시오타 시나리오 작가 페스티벌

시오타 영화제에서는 여러 시나리오 창작 축제가 열린다.

— 장편 영화 프로젝트들을 위한 시나리오 작가 포럼.

— 시나리오 창작 마라톤 대회: 데뷔 작가들에게는 24시간, 최고의 역량 있는 작가들에게 48시간이 주어지는 시나리오 창작 실전이다. 참가를 원하는 사람은 이력서와 2편의 장편 시나리오를 보내며, 선별을 통해 시나리오 마라톤 참가자가 선발된다.

문의처: Dixit

tél: 01 48 74 36 30.

텔레비전 시나리오 그랑프리

52분짜리 텔레비전 드라마 제작용의 50여 페이지의 시나리오를 제출하는 공모전이다.

tél: 01 47 05 00 15.

www.prix-scénariste.org

토트(Thot)

과거에 풀프 픽션이란 명칭이던 토트는 연간 2회에 걸쳐서 PACA 지역 시나리오 작가들에게 창작 지원금을 수여하는 마르세유협회이다.

tél: 04 91 85 66 92/ 04 91 99 01 56.

• 재단들

강(GAN) 재단

강 재단은 첫번째, 두번째 혹은 세번째 장편 영화 시나리오들을 연간 4회 지원한다. 각 분기마다 5편의 시나리오에 각각 40만 프랑의 제작비와 감독료 3만 프랑을 지원한다. 재단은 또한 '금요일의 감동' 행사를 개최한다. 금요일에 영화를 관람하는 모든 관객들에게 또 1편의 영화 관람을 할인가에 볼 수 있게 하는 행사이다.

tél: 01 42 47 55 14.

마르티니 재단

강 재단처럼 마르티니 재단은 장편 영화 프로젝트들을 지원한다. 그러나 오로지 이탈리아 영화에 한한다. 이 재단은 또한 "모스트라 드 브니즈에서 멋진 리포터가 되세요"라는 공모전을 개최한다. 이 행사는 젊은 영화광에게 이탈리아의 유명 일간지의 영화 기사를 쓰는 조건으로 영화제를 섭렵할 기회를 주는 것이다.

아셰트 재단

아셰트 재단은 10년 전부터 6개의 지원금들을 수여한다. 18세에서 30세 사이의 젊은 텔레비전 시나리오 작가를 위한 7만 5천 프랑의 지원금과 역시 18세에서 30세 사이의 젊은 영화 제작자를 위한 30만 프랑의 지원금들이다. 텔레비전 시나리오 작가 후보자는 제작자와 혹은 텔레비전 방송국과 창작 계약이 이루어진 상태에서 적어도 1편의 시나리오를 쓴 경력이 있어야 한다. 그리고 시놉시스 혹은 대화가 있는 시퀀스들의 형식으로 장편 시나리오 프로젝트를 제출해야 한다. 제작자 지원금의 경우도 후보자들은 영화 제작 경험이 있어야 하고, 장편 영화 제작 프로젝트를 제출해야 한다. 후보자들의 서류는 6월 중순 전에 도착되어야 한다.

tél: 01 40 45 45 20.

www.lagardère.fr/fondationhachette

코닥 재단

코닥 기업의 '시네마 텔레비전' 분과는 젊은 신인영화인들에게 필름 제공 등의 기술 분야의 지원을 한다. 그리고 칸 영화제의 황금 카메라상 수상자에게는 30만 프랑의 상금, 앙제 페스티벌의 단편 심사위원 그랑프리상 수상자에게는 2만 5천 프랑의 상금을 수여한다. 클레르몽페랑 영화제의 심사위원단이 수여하는 코닥 특별상 수상자에게는 필름 프린트 복사비를 지원하고, 칸 영화제에서 '15인의 감독상' 단편 영화 부문의 코닥상 수상자에게는 3만 프랑어치의 필름 제공 등의 활동을 펼친다.

코닥은 또한 자사 기술자들과 엔지니어들을 국립영화전문학교의 강사진으로 파견한다. 영화 학도들에게 필름 속의 모든 잠재적 가능성들을 끄집어 내는 법을 가르치면서 그들의 영상 교육을 완벽히 다듬어 준다.

www.kodak.fr/go/cinema

아셰트 재단과 코닥 재단은 여러 영화제에서 몇몇 부문의 수상자들에게 상금을 수여하거나 혹은 필름 등의 물질적 지원을 합니다.

주소록

• 국립영화전문학교

FEMIS(Ecole nationale des métiers de l'image et du son)
6, rue Francoeur, 75018 Paris
Tél: 01 53 41 21 00.

ENSLL(Ecole nationale supérieure Louis-Lumière)
7, all e du Promontoire,
BP 22 Marne-la-Vallée, 93161 Noisy-le-Grand Cédex.
Tél: 01 48 15 40 10.

INSAS(Institut national supérieur des arts du spectacle)
8, rue Théresienne, B-1000 Bruxelles.
Tél: (00 32) 2 511 92 86. www.insas.be

• 사립영화전문학교

CLCF(Conservatoire libre du cinéma français)
9, quai de l'Oise, 75019 Paris.
Tél: 01 40 36 19 19. www.clcf.com

ESEC(Ecole supérieure d'études cinématographiques)
21, rue de Citeaux, 75012 Paris.
Tél: 01 43 42 43 22. www.esec.edu

ESRA/ISTS(Ecole supérieure de réalisation audiovisuelle/
Institut supérieur des techniques du son)
13 bis, avenue Félix-Faure, 75015 Paris.
Tél: 01 44 25 25 25. www.esra.com

IIIS(Institut international de l'image et du son)

7, rue Descartes, Parc du Pissaloup, 78190 Trappes.
Tél: 01 30 69 00 17. www.iiis.fr

• 영화와 영상 전공 학과가 개설된 대학

Aix-Marseille-I

29, avenue Robert-Schumann, 13621 Aix-en-Provence Cedex 1.
Tél: 04 91 10 60 00. www.newsup.univ-mrs.fr

Bordeaux-III

Domaine universitaire, 33405 Talence.
Tél: 05 56 84 50 50. www.montaigne. bordeaux.fr

Caen

Esplanade de la Paix, 14032 Caen Cedex.
Tél: 02 31 56 55 00. www.unicaen.fr

Lille-III

Domaine universitaire du Pont-de-Bois, BP 149, 59653 Villeneuve-d' Ascq Cedex.
Tél: 03 20 41 60 00. www.univ-lille3.fr

Lyon-II

Campus universitaire, Avenue Pierre-Mendès-France, 69500 Bron.
Tél: 04 78 77 23 23.

Montpellier-III

Route de Mende, BP 5043, 34032 Montpellier Cedex.
Tél: 04 67 14 20 00. www.univ-montp3.fr

Nancy-II

9, rue Michel-Ney, BP 3397, 54015 Nancy Cedex.
Tél: 03 83 17 79 79. www.univ-nancy2.fr

Metz

Cavum

4, rue Marconi, 57070 Metz. Tél: 03 87 20 41 83. www.univ-metz.fr

Paris-I

3, rue Michelet, 75006 Paris. Tél: 01 43 25 50 99. www.univ-paris1.fr

Paris-III

13, rue de Santeuil, 75005 Paris. Tél: 01 45 87 40 00. www.univ-paris3.fr

Paris-VII

2, place Jussieu, 75257 Paris Cedex 05. Tél: 01 44 27 44 27. www.diderotp7.jussieu.fr

Paris-VIII

3, place de la Liberté, 93526 Saint-Denis Cedex 02. Tél: 01 48 21 04 46.

Rennes-II

6, avenue Gaston-Berger, 35000 Rennes. Tél: 02 99 14 13 91. www.univ-brest.fr

• 영상 분야 전문 기술 자격증(BTS) 이수 과정

Angoulême(16):
Lycée polyvalent de l'image et du son
303, avenue de Navarre, 16022 Angoulême.
Tél: 05 45 61 12 09.

Bayonne(64):
Lycée René-Cassin
2, rue de Lasseguette, 64100 Bayonne. Tél: 05 59 63 97 07.

Boulonge-Billancourt(92)
Lycée Jacques-Prévert
163, rue de Billancourt, 92100 Boulogne-Billancourt. Tél: 01 41 31 83 83.

Metz(57):
Lycée de la communication
3, boulevard Arago, 57000 Metz. Tél: 03 87 75 87 00.

Montaigu(85):

Lycée Léonard-de-Vinci
Rue de Fromenteau, BP 369, 85600 Montaigu. Tél: 02 51 45 33 00.

Montbéliard(25):
Lycée Viette
1bis, rue Pierre-Donzelot, BP 327, 25206 Montbéliard Cedex 20. Tél: 03 81 99 84 84.

Roubaix(59):
Lycée Jean-Rostand
361, Grand-Rue, BP 90379, 59057 Roubaix Cédex 1. Tél: 03 20 75 15 30.

Rouen(76):
Lycée Pierre-Corneille
4, rue Maulévrier, 76037 Rouen Cédex. Tél: 02 35 07 88 00.

Saint-Quentin(02):
Lycée Henri-Martin
1, rue Girodon, 02100 Saint-Quentin. Tél: 03 23 06 38 38.

Toulouse(31):
Lycée des Arènes
4, place Emile-Male, 31024 Toulouse Cédex. Tél: 05 62 13 10 00.

Villefontaine(38):
Lycée polyvalent Léonard-de-Vinci
Bd de Villefontaine, 38090 Villefontaine. Tél: 04 74 96 44 55.

• 극예술전문학교 및 강좌

CNSAD(Conservatoire national supérieur d'art dramatique)
2 bis, rue du Conservatoire, 75009 Paris.
Tél: 01 42 46 12 91. www.culture.fr/cnsad/

ESAD-TNS
(Ecole supérieure d'art dramatique du Théâtre national de Strasbourg)

1, avenue de la Marseillaise, BP 184/R5, 67005 Strasboug Cédex.
Tél: 03 88 24 88 59. www.tns.fr

ENSATT(Ecole nationale supérieure des arts et techniques du théâtre)
4, rue Soeur-Bouvier, 69322 Lyon Cédex 5. Tél: 04 78 15 05 05.
E-mail: ensatt.son@wanadoo.fr Minitel: 3615 ENSATT

Cours Florent
35, quai d'Anjou, 75004 Paris. Tél: 01 43 29 60 22.

Atelier international de théâatre(Blanche-Salant-Paul-Weaver)
14, rue Crespin-du-Gast, 75011 Paris. Tél: 01 43 55 69 61.

Cours Jean-Périmony
38, rue des Saules, 75018 Paris. Tél: 01 48 74 21 30.

• 시나리오창작전문학교

CEEA(Conservatoire européen d'écriture audiovisuelle)
Hôtel de Massa
38, rue du Faubourg-St-Jacques, 75014 Paris. Tél: 01 44 07 91 00. www.ceea.edu

• 영화 전문 기구들

SACD(Société des auteurs et compositeurs dramatiques)
11 bis, rue Ballu, 75442 Paris Cédex 09. Tél: 01 40 23 44 44.

ART(Auteurs, réalisateur, producteurs)
7, avenue de Clichy, 75017 Paris. Tél: 01 53 42 40 00.

AFC(Association française des chefs opérateurs)
8, rue Francoeur, 75018 Paris. Tél: 01 42 64 41 41.

SNTPCT(Syndicat national des techniciens et travailleurs
de la production cinématographique et de télévision)

10, rue de Trétaigne, 75018 Paris. Tél: 01 42 55 82 66.

SPI(Syndicat des producteurs indépendants)
1 bis, rue eu Havre, 75008 Paris. Tél: 01 44 70 70 44.

SRF(Société des réalisateurs de films français)
14, rue Alexandre-Parodi, 75010 Paris. Tél: 01 44 89 99 99.

UPF(Union des producteurs de films)
1, place des Deux-Ecus, 75001 Paris. Tél: 01 40 28 01 38.

Union des scénaristes
14, rue Alexandre-Parodie, 75010 Paris. Tél: 01 44 89 99 80.

ANPE du spectacle
50, rue de Malte, 75011 Paris. Tél: 01 53 36 28 28.

Caisse des congés spectacles
7, rue du Helder, 75009 Paris. Tél: 01 48 24 73 16.

• 영화 정보 기관들

CNC(Centre national de la cinématographie)
12, rue de Lubeck, 75784 Paris Cedex 16.
Tél: 01 44 34 34 40. www.cnc.fr Minitel: 3616 CNC

La Cinémathèque française
Palais de Chaillot, 7, av. Alvert-de-Mun, 75016 Paris Tél: 01 53 65 74 74.
42 boulevard de Bonne-Nouvelle, 75010 Paris.

Forum des Images
Forum des Halles 2, Grande Galerie-Porte St-Eustache, 75001 Paris.
Tél: 01 44 76 62 00.

Bifi(Bibliothèque du film et de l' image)
100, rue du Faubourg-St-Antoine, 75012 Paris. Tél: 01 53 02 22 30. www.bifi.fr

INA

4, avenue de l' Europe, 94366 Bry-sur-Marne. Tél: 01 49 83 20 00.

SACD (Société des auteurs et compositeurs dramatiques)
Documentation 5, rue Ballu, 75009 Paris. Tél: 01 40 23 44 20.

• 영화 전문 서점

Atmosphères
10, rue de Broca, 75005 Paris.
Tél: 01 43 31 02 71.

Contact
24, rue du Colisée, 75008 Paris. Tél: 01 43 59 17 71. Minitel: 3615 CENELIVRE

Cinédoc
51, passage Jouffroy, 75009 Paris. Tél: 01 48 24 71 36.

Ciné-Reflet
14, rue Serpente, 75006 Paris. Tél: 01 40 46 02 72.

Dixit
3, rue La Bruyère, 75009 Paris. Tél: 01 49 70 03 33. www.dixit.fr
(딕시트 영화 전문 서점은 영화 전문 기술서와 실용서들의 출판사이기도 합니다.)

Les Feux de la rampe
2, rue de Luynes, 75007 Paris. Tél: 01 45 48 80 97.

오일환
숭실대학교 불어불문학과 졸업
프랑스 영화고등전문학교 ESEC 수학
연극 《수전노》 《마리아에게 알림》 등 연출
시나리오 《전쟁神의 선물》 《포르말린》 외 다수
영화 《너희가 재즈를 믿느냐》 감독

김경온
연세대학교 불어불문학과 및 대학원 졸업
프랑스 파리12대학 불문학 박사(폴 발레리 詩 연구)
현재 연세대학교 미디어아트연구소 전문연구원, 중앙대학교 강사
학술진흥재단 기초인문학 분야 《휴노(HUNO) 프로젝트》 연구원
도서출판 재미마주 편집기획

문예신서
214

영화의 직업들

초판발행 : 2003년 8월 30일

지은이 : 베랑제르 라트롱슈
옮긴이 : 오일환 · 김경온
총편집 : 韓仁淑
펴낸곳 : 東文選

제10-64호, 78. 12. 16 등록
110-300 서울 종로구 관훈동 74
전화 : 737-2795

편집설계 : 劉泫兒 李惠允

ISBN 89-8038-271-5 94680
ISBN 89-8038-000-3 (문예신서)

【東文選 現代新書】

【기 타】

東文選 文藝新書 182

이미지의 힘
— 영상과 섹슈얼리티

아네트 쿤 / 이형식 옮김

　이 책은 포르노그라피의 미학과 전략, 그리고 그것을 소비하는 관람자의 욕망과 심리분석에서 탁월한 통찰력을 보여 준다. 남모르게 찍힌 듯이 제시된 사진이 어떻게 관음증적인 욕망을 부추기는지, 초대하는 시선이 어떻게 죄책감을 상쇄하는지, 하드코어에서는 왜 육체가 파편화될 수밖에 없는지의 문제는 요즘처럼 인터넷에서 포르노사이트가 범람하고, 거의 모든 광고에서 포르노그라피의 전략들이 채택되고 있는 오늘날의 이미지를 분석적인 시선으로 이해하는 데 많은 도움을 줄 것이다.

　이 도발적인 글 모음에서 아네트 쿤은 다양한 영화와 스틸 사진을 분석하고 있다. 쿤은 문화적으로 지배적인 이미지와 그것의 작용 방식에 대해 탐색하며 의견을 개진한다. 기호학과 마르크스주의-페미니스트 분석, 문화 연구와 역사적 방법을 아우르면서 쿤은 시각적 재현과 섹슈얼리티, 성적인 차이, 여성성과 남성성이 어떻게 구축되는가, 도덕성과 재현 가능성의 개념이 어떻게 실제 이미지를 통해 생산되는가를 둘러싼 문제를 연구한다.

　삽화가 들어 있는 이 책에는 여자의 '글래머' 사진과 '다큐멘터리' 사진, 포르노그라피, 할리우드 영화의 하나의 주제로서 복장전도에 관한 글들이 포함되어 있다. 이 책은 또한 검열과 하워드 혹스의 〈빅 슬립〉을 논의하고, 무성 영화 시대에 성행했던 장르——'건강 선전 영화'——에서 도덕성과 섹슈얼리티 구축 문제를 다루고 있다.

　아네트 쿤은 영화 이론, 영화사, 그리고 페미니즘과 재현에 대한 글을 널리 발표했다. 그녀는 현재 글래스고대학교에서 영화와 텔레비전을 강의하고 있으며, 《스크린》지의 편집자이다.

東文選 文藝新書 189

영화의 환상성

장 루이 뢰트라 / 김경온 · 오일환 옮김

　영화는 발생 초기부터 환상성이라는 테마를 집요하게 다루어 왔다. 단지 환상성의 개념이 생각만큼 일관되고 통합된 모습을 드러내지 않았을 뿐이었다. 영화적 기계 장치는 실재 현실과 그 모사들을 재료로 취해 유희했다. 실재 현실과 그 모사의 결합을 그리는 일은 흥미롭지만 무모한 시도였다.

　그러나 제7의 예술 영화는 이 모호한 영역에 접근할 때에만 진정한 정체성을 소유할 수 있다. 이 좁은 변방 지역에는 모순된 내면을 가진 피조물들이 가득 차 있다. 유령들, 캣우먼들, 괴물로 변신하고 있는 박사들이 그들이다. 이 책은 영화의 환상성을 구현한 영화 작품들을 나선의 움직임 속에서 포착한다. 《안달루시아의 개》와 《지난해 마리앵바드에서》가 이 책의 출발과 결말, 두 극점에 각각 자리잡고 있는 가운데 그동안 파묻혔던 판타스틱 공포영화들을 소생시키는 소용돌이의 흐름이 두 극점 사이에서 일어난다. 그래서 인생과 영화의 판타스틱 코드를 통찰한 제작자 발 루턴의 감독들인 자크 투르뇌르 · 로버트 와이즈 · 마크 로브슨의 작품들이 되살아나고, 그리고 마리오 바바의 작품들, 잭 클레이턴의 《순수한 자들》, 무르나우의 《노스페라투》, 카를 테오도르 드라이어의 《흡혈귀》 같은 옛 작품들, 또 《여방문객》 · 《꿀벌통의 정령》 · 《노란 집의 추억》 속의 비밀에 싸인 주인공들이 되살아난다. 결국 이 책은 영화와 시간의 관계, 영화의 멜랑콜릭한 성격, 그리고 영화의 힘에 대해 이야기한다.

　장 루이 뢰트라는 프랑스 파리 3대학의 영화사와 영화미학 교수로 영화와 문학의 관계, 파롤과 이미지성의 힘 등에 대한 강좌를 열고 있다. 영화에 관한 많은 논문 · 저서들 외에 소설가 쥘리앵 그라크에 대한 저술서도 발간했다.